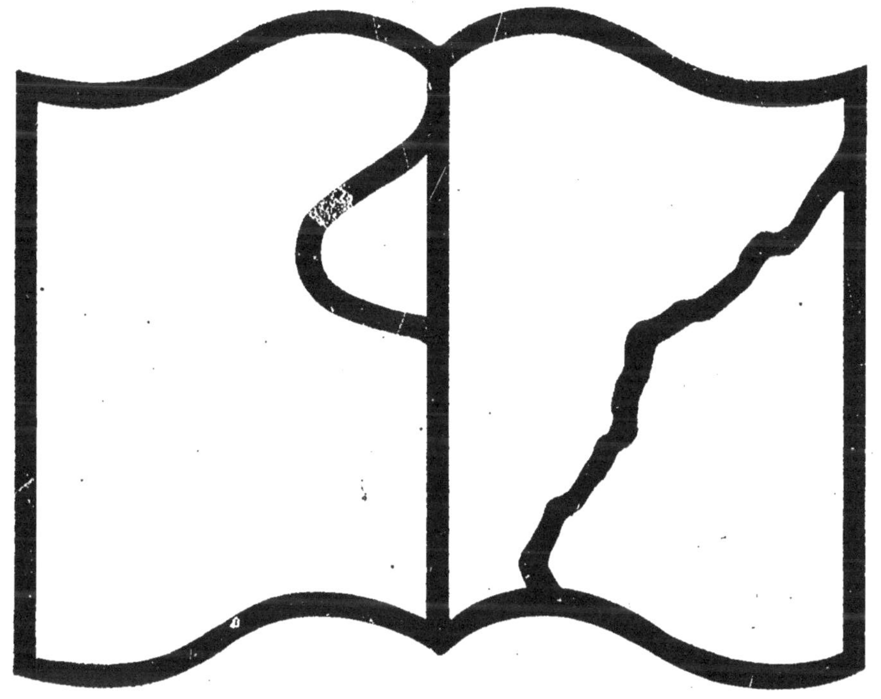

Texte détérioré — reliure défectueuse

NF Z 43-120-11

Symbole applicable
pour tout,ou partie
des documents microfilmés

I0837312

8°R
21219

BIBLIOTHÈQUE THÉOSOPHIQUE

LE POUVOIR DE LA PENSÉE

SA MAITRISE ET SA CULTURE

PAR

Annie BESANT

TRADUIT DE L'ANGLAIS

DEUXIÈME ÉDITION REVUE ET CORRIGÉE

PARIS
PUBLICATIONS THÉOSOPHIQUES
10, RUE SAINT-LAZARE, 10

1907

BIBLIOTHÈQUE NATIONALE
R.F.

LE POUVOIR DE LA PENSÉE

SA MAITRISE ET SA CULTURE

8° R
21219

La *Bibliothèque Théosophique* se compose d'ouvrages publiés par le *Comité de publications théosophiques*, 59, avenue de la Bourdonnais (VIIe).

OUVRAGES DÉJA PUBLIÉS

La Philosophie ésotérique de l'Inde (4e édition), par J.-C. Chatterji.
Le Christianisme ésotérique, par Annie Besant.
Les Lois de la destinée, par le docteur Th. Pascal.
Le Credo chrétien, par C.-W. Leadbeater.
Histoire de l'Ame, par R. A.
Les Trois Sentiers (2e édition), par Annie Besant.
Réincarnation, par Annie Besant.
La Théosophie est-elle anti-chrétienne, par Annie Besant.
La Nécessité de la Réincarnation, par Annie Besant.
La Sagesse Antique (2e édition), par Annie Besant.
Vers le Temple (2e édition), par Annie Besant.
Sur le Seuil, par X.
Le Guide Spirituel, par Molinos.
Le Temps et l'Espace, par Guébirol.
Neuf Upanishads, traduction française de E. Marcault.
La Théosophie et son œuvre dans le monde, par Annie Besant.
Les Formes-Pensées, par Annie Besant et C.-W. Leadbeater.
La Théosophie en quelques chapitres (2e édition), par le docteur Th. Pascal.
A B C de la Théosophie (2e édition), par le docteur Th. Pascal.
L'Esquisse de la Théosophie (2e édition), par C.-W. Leadbeater.
Le Plan mental, par C.-W. Leadbeater.
Le Plan astral (2e édition), par C.-W. Leadbeater.
Apollonius de Tyane, par G.-R.-S. Mead.
Le Pouvoir de la Pensée (2e édit.), par Annie Besant.
Karma (2e édition), par Annie Besant.
Doctrine Secrète, 1 vol. (2e édit.), par H.-P. Blavatsky.

BIBLIOTHÈQUE THÉOSOPHIQUE

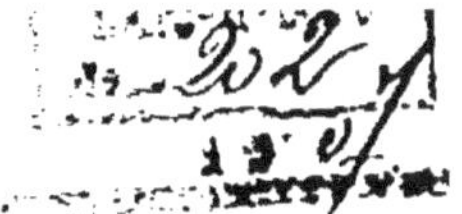

LE

POUVOIR DE LA PENSÉE

SA MAITRISE ET SA CULTURE

BIBLIOTHÈQUE NATIONALE
IMPRIMÉS

PAR

Annie BESANT

TRADUIT DE L'ANGLAIS

DEUXIÈME ÉDITION REVUE ET CORRIGÉE

PARIS
PUBLICATIONS THÉOSOPHIQUES
10, RUE SAINT-LAZARE, 10

1907

AVIS

La première édition de cet ouvrage, parue en 1903, était un tirage à part de la traduction parue dans la *Revue Théosophique française*. La traduction actuelle est entièrement nouvelle. Elle présente quelques différences avec l'ancienne, et aux termes *Soi* et *non-Soi* ont été substitués les termes *Moi* et *non-Moi*. Les éditeurs ont de plus ajouté quelques notes explicatives. Elles sont signées (N. D. E.).

Comité de Publications.

PRÉFACE

Ce petit livre est destiné à aider l'étudiant dans l'étude de sa propre nature, du moins en ce qui concerne le côté intellectuel de cette nature. Celui qui aura bien compris les principes posés ici sera en bonne voie pour coopérer avec la Nature, dans son évolution, et pour accroître ses facultés mentales beaucoup plus rapidement qu'il ne lui serait possible de le faire s'il restait ignorant des conditions de leur développement.

L'introduction offrira peut-être quelques difficultés au lecteur profane, qui passera peut-être outre à la première lecture. Elle est nécessaire, cependant, comme une base, pour ceux qui voudraient saisir les relations de l'intellect avec les autres parties de la nature humaine et avec le monde extérieur. Et ceux qui voudraient mettre en action la maxime « Connais-toi toi-même » ne doivent pas reculer devant un petit effort mental, pas plus qu'ils ne doivent s'attendre à ce que la nourriture intellectuelle tombe, toute assaisonnée, du ciel, dans leur bouche paresseusement ouverte.

Quand ce petit livre ne ferait qu'aider quelques étudiants sérieux et écarter quelques-unesdes difficultés qui leur barraient la route, son but serait atteint.

ANNIE BESANT.

LE POUVOIR DE LA PENSÉE

SA MAITRISE ET SA CULTURE

INTRODUCTION

La valeur de la science s'éprouve par le pouvoir qu'elle a de purifier et d'ennoblir la vie et tous les étudiants sérieux désirent appliquer les connaissances théoriques acquises dans l'étude de la Théosophie, à perfectionner leur propre caractère et aider leurs semblables. C'est pour ces étudiants qu'est écrit le présent petit livre, dans l'espoir qu'une connaissance plus exacte de leur propre nature intellectuelle les conduira à cultiver résolument ce qu'il y a de bon en elle et à en extirper ce qu'il y a de mauvais. Le sentiment qui nous détermine à mener une vie droite perd la moitié de sa valeur si la claire lumière de l'intellect n'illumine pas le sentier de la conduite; car de même que l'aveugle dans son ignorance s'écarte du chemin jusqu'à ce qu'il tombe dans le fossé, de même l'Ego, aveuglé par l'ignorance, s'écarte du chemin de la vie droite jusqu'à ce qu'il tombe dans le fossé de la mauvaise action. Avidyâ — la privation de connaissance — est bien vraiment le premier pas hors de l'unité dans la séparativité et c'est seulement lorsqu'elle diminue que s'atténue la séparativité, jusqu'à ce que, celle-ci ayant disparu, l'Éternelle Paix soit rétablie.

Le Moi en tant que sujet connaissant.

Lorsque nous étudions la nature humaine, nous séparons l'homme des véhicules dont il se sert, le Moi vivant des vêtements dont il est revêtu. Le Moi est un, quelque variées que puissent être les formes sous lesquelles il se manifeste au moyen des différentes sortes de matière qu'il s'efforce de traverser. Il reste vrai, bien entendu, qu'il n'y a qu'un seul Moi, au sens le plus absolu du mot, car de même que les rayons émanent du soleil, les Moi qui sont proprement les hommes ne sont que les rayons du Moi suprême, de sorte que chacun peut murmurer « Je suis Lui ». Mais, pour notre but actuel, envisageant un seul rayon, nous en pouvons également affirmer l'unité propre, bien que celle-ci soit cachée par les formes. La conscience est une unité, et les divisions que nous y introduisons sont, ou bien créées pour faciliter l'étude, ou bien sont des illusions dues à ce que notre puissance de perception est limitée par les organes au moyen desquels elle s'exerce dans les mondes inférieurs. Le fait que les manifestations du Moi procèdent respectivement de ses trois aspects : connaissance, volonté et énergie, lesquels produisent les pensées, désirs et actions particuliers, ne doit pas nous masquer cet autre fait qu'il n'existe pas de division de la substance ; le Moi tout entier sait, le Moi tout entier veut, le Moi tout entier agit. Ses fonctions ne sont d'ailleurs pas complètement séparées ; lorsqu'il sait, il agit et veut en même temps ; lorsqu'il agit, il sait et veut en même temps. Une fonction prédomine, et parfois dans une proportion telle qu'elle voile presque complètement les autres ; mais même dans la concentration la plus intense de la connaissance, la plus distincte des trois, il existe toujours une énergie latente et une volonté laténte, qu'une analyse soigneuse permet de discerner.

Nous avons appelé ces trois fonctions « les trois aspects du Moi » ; une explication un peu plus détaillée nous aidera peut-être à comprendre. Lorsque le Moi est au repos, se manifeste l'aspect de la Connaissance, par lequel il est à même de revêtir l'image de n'importe quel objet qu'on lui présente. Lorsque le Moi se concentre, attentif aux changements d'états, apparaît l'aspect de la Volonté. Lorsque le Moi, en présence de l'objet quelconque, émet de l'énergie pour prendre contact avec cet objet, apparaît alors l'aspect de l'Action. On voit donc que ces trois aspects ne sont pas des divisions séparées du Moi, ni trois choses unies en une, ou formant un composé, mais qu'il y a un tout indivisible se manifestant de trois manières.

Il n'est pas aisé de rendre la conception fondamentale du Moi plus claire qu'on ne le fait en le nommant simplement. Le Moi est cette unité consciente, sentante, toujours existante, qui, chez chacun de nous, se connaît comme existante. Aucun homme ne peut se concevoir non-existant, ou se donner à lui-même sa propre formule, s'il est conscient, sous la forme « Je ne suis pas ». Ainsi que Bhagavân Dâs l'a exprimé : « Le Moi est la première et indispensable base de la vie... Selon les paroles de Vâchaspati-Mishra, dans son Commentaire (le *Bhâmati*) sur le *Shârîraka-Bhâshya* de Shankarâ Chârya : « Nul ne se demande : Suis-je? ou : Ne suis-je pas? » (1) L'affirmation du Moi, « je suis » préexiste à toute autre chose, est au-dessus et au delà de tout argument. Nulle preuve ne peut la rendre plus forte; nulle réfutation ne la peut affaiblir. Toutes deux, la preuve et la réfutation se fondent sur le « Je suis », le sentiment inanalysable de la simple existence, qui ne comporte aucun prédicat, si ce n'est l'augmentation et la diminution. « Je suis plus » est l'expression du plaisir, « je suis moins », celle de la douleur.

(1) *The Science of the Emotions*, p. 20.

Si nous observons ce « je suis », nous trouvons qu'il s'exprime de trois manières différentes : *a*) le réfléchissement interne d'un Non-Moi, la *Connaissance*, racine des pensées ; *b*) la concentration interne, la *Volonté*, racine des désirs ; *c*) l'expansion vers l'extérieur, l'*Énergie*, racine des actions : « Je sais » ou « je pense », « je veux » ou « je désire », « je produis de l'énergie » ou « j'agis ». Telles sont les trois affirmations du Moi indivisible, du « Je suis ». Toutes espèces de manifestations peuvent être rangées sous l'une ou l'autre de ces trois rubriques ; le Moi ne se manifeste, dans nos mondes, que de ces trois manières ; de même que toutes les couleurs proviennent des trois couleurs primaires, de même les innombrables manifestations du Moi se ramènent toutes à la volonté, l'énergie, la connaissance.

Le Moi voulant, le Moi connaissant, le Moi produisant de l'énergie, c'est lui qui est Un dans l'Éternité, et constitue la racine de l'individuation dans l'Espace et le Temps. C'est le Moi sous l'aspect de la Pensée, le Moi connaissant que nous allons étudier.

Le Non-Moi en tant qu'objet connu.

Le Moi, dont « la nature est de savoir » trouve reflété au dedans de lui, un grand nombre de formes et apprend, par expérience, qu'il ne peut pas connaître, agir et vouloir à travers elles et par elles. Il découvre que ces formes ne sont pas soumises à son autorité comme celle dont, tout d'abord, il devient conscient et qu'il apprend (par erreur, mais nécessairement) à identifier avec lui-même. Il connaît, et ces formes ne pensent pas; il veut, et elles ne manifestent aucun désir; il déploie de l'énergie et aucun mouvement ne se produit, en réponse, chez elles. Il ne peut pas dire *en elles* « je sais, j'agis, je veux » ; à la fin, il reconnaît en elles d'autres Moi sous les formes minérale, végétale, animale, humaine et supra-humaine, et il généralise tout cela sous un seul terme compréhensif, le Non-Moi : ce en quoi lui, en tant que Moi distinctif, n'est pas ; ce en quoi il ne connaît pas, n'agit pas, ne veut pas. Il répond donc pendant longtemps à la question : « Qu'est-ce que le Non-Moi ? » par cette formule : « Tout ce en quoi je ne connais pas, ne veux pas, n'agis pas ».

Et quoique finalement, il doive découvrir par des analyses successives que tous ses instruments l'un après l'autre (sauf la substance la plus fine qui fait de lui *un* Moi), sont parties du Non-Moi, sont objets de science, forment le Connu, non le Connaissant, cependant, pour tous les besoins de la pratique, sa réponse est correcte. De fait, il ne pourra jamais connaître, comme un objet séparable de lui-même, cette substance la plus fine de toutes, qui fait de lui un Moi distinct, puisque la présence de cette substance est nécessaire à son individuation et puisque connaître un tel objet comme le Non-Moi, serait s'abîmer dans le Tout.

La Connaissance.

Pour que le Moi puisse être le sujet connaissant et le Non-Moi l'objet connu, il faut qu'une relation définie soit établie entre eux. Le Non-Moi doit affecter le Moi et celui-ci doit, à son tour, affecter le Non-Moi. Il doit y avoir une réciprocité d'action entre eux. La connaissance est une relation entre le Moi et le Non-Moi et la nature de cette relation nous fournira le sujet du prochain chapitre ; mais il est bon, auparavant, de comprendre clairement le fait que la connaissance est *une relation*. Elle implique une dualité, la conscience d'un Moi et la reconnaissance d'un Non-Moi, et la présence des deux facteurs mis aux prises l'un avec l'autre est nécessaire à la connaissance.

Le Connaissant, le Connu et le Fait de connaître, voilà les trois choses en une seule, qu'il est nécessaire de bien comprendre si l'on veut utiliser la puissance de la pensée pour la fin qui lui est propre et qui consiste à aider le monde. D'après la terminologie occidentale, le Mental est le sujet connaissant ; l'Objet est ce qui est connu ; la Relation qui les unit est la connaissance. Nous avons à comprendre la nature du Connaissant, celle du Connu, et celle de leur Rapport, enfin la façon dont se constitue ce Rapport. Ces choses une fois bien comprises, nous aurons fait un grand pas vers cette Connaissance de soi-même qui constitue la Sagesse. Nous serons alors en état de secourir ceux qui nous entourent, nous deviendrons les auxiliaires et les sauveurs du Monde ; car tel est le vrai but de la Sagesse : allumée par l'amour, elle doit soulever le monde au-dessus de la misère jusqu'à la connaissance où toute souffrance cesse à jamais. Tel est l'objet de notre étude, car il est dit dans les livres de la nation qui possède la plus ancienne psychologie demeurée aujourd'hui encore la plus profonde et la plus subtile, que l'objet de la philosophie est de mettre fin à la souffrance. C'est pour cela que l'homme instruit pense ; c'est pour cela que la connaissance est sans cesse poursuivie. Mettre fin à la souffrance est la raison finale de la philosophie et ce n'est pas la vraie sagesse, celle qui ne conduit pas à trouver la Paix.

CHAPITRE PREMIER

Nature de la pensée.

La nature de la pensée peut être étudiée de deux points de vue : du point de vue de la conscience et c'est la science, ou du point de vue de la forme au moyen de laquelle la science s'obtient, forme qui, par son aptitude à subir des modifications, rend possible l'obtention de la science. Cette possibilité a conduit, en philosophie, à deux extrêmes qu'il nous faut éviter, car chacun d'eux ignore un des côtés de la vie manifestée. L'un voit de la conscience dans toute chose, et ignore que la forme qui conditionne essentiellement la conscience, est ce qui la rend possible. L'autre voit en toute chose la forme, et ignore le fait que cette forme ne peut exister qu'en vertu de la vie qui en est l'âme. La forme et la vie, la matière et l'esprit, le véhicule et la conscience sont inséparables dans la manifestation et sont les aspects indivisibles de *Ce* en quoi tous deux résident, de *Ce* qui n'est ni la conscience ni son véhicule, mais la *racine* de tous deux. Une philosophie qui tente de tout expliquer par les formes, ignorant la vie, rencontrera des problèmes qu'il lui sera absolument impossible de résoudre. Une philosophie qui tente d'expliquer tout par la vie, ignorant les formes, se trouvera en face de murailles inanimées qu'elle ne pourra pas franchir. La solution finale, c'est que la conscience et ses véhicules, la vie et la forme, l'esprit et la matière sont les expressions temporaires des deux aspects de l'Existence unique et inconditionnée, qu'on ne peut connaître, si ce n'est quand elle se manifeste comme l'Esprit-Racine — (appelé par les Hindous Pratyag-âtman), l'Être abstrait, le Logos abstrait — d'où procèdent tous les Moi individuels, et la Matière-Racine (Mûlaprakriti) d'où procèdent toutes les formes. Lorsque la manifestation se produit, cet Esprit-Racine donne naissance à une triple conscience, et cette Matière-Racine a une triple matière. Au-dessous d'elles est la Réalité unique, à jamais inconnaissable pour la conscience conditionnée. La fleur ne voit pas la racine qui la fait pousser, bien que toute sa vie y soit puisée et que sans cette racine elle ne puisse pas exister.

Le Moi, en tant que sujet connaissant, a pour fonction caractéristique de refléter en lui le Non-Moi. De même qu'une plaque sensible reçoit les rayons lumineux reflétés par les objets et que ces rayons amènent des modifications dans la matière sur laquelle ils tombent, ce qui permet d'obtenir des images des objets, de même en est-il pour le Moi en ce qui concerne les objets extérieurs. Son instrument est une sphère sur laquelle le Moi reçoit du Non-Moi les rayons réfléchis du Moi unique et qui font apparaître sur la surface de cette sphère des images qui sont les reflets de ce qui n'est pas le Moi. Le sujet connaissant ne connaît pas les choses elles-mêmes, aux premiers stades de sa conscience. Il ne connaît que les images produites sur son instrument, par l'action du Non-Moi sur son enveloppe sensible, c'est-à-dire les photographies du monde extérieur. C'est pourquoi le mental, véhicule du Moi en tant que sujet connaissant, a été comparé à un miroir dans lequel se voient les images de tous les objets placés devant lui. Nous ne connaissons pas les choses elles-mêmes, mais seulement l'effet produit par elles sur notre conscience ; ce ne sont pas les objets, mais les images des objets que nous trouvons dans l'esprit. De même que le miroir semble contenir les objets en lui, tandis que ces objets apparents ne sont que des images, des illusions causées par les rayons lumineux réfléchis des objets, et non ces objets eux-mêmes ; — de même le mental dans sa connaissance du monde extérieur, ne connaît que les images illusoires et non les choses en elles-mêmes.

Ces images, produites dans le véhicule du mental, sont perçues comme objets par le sujet connaissant et cette perception consiste en ce qu'il les reproduit en lui-même. Cependant, la comparaison avec le miroir et l'emploi du mot « réflexion » que nous avons faits dans le paragraphe précédent, pourraient nous induire légèrement en erreur, car l'image *est une reproduction, non un reflet* de l'objet qui la produit. La substance de l'esprit est montanément façonnée en un analogue de l'objet qui lui est présenté et cette analogie, à son tour, est reproduite par le sujet Connaissant. Lorsqu'il se modifie ainsi lui-même, à la ressemblance d'un objet extérieur, on dit qu'il connaît cet objet ; mais, dans le cas considéré, ce qu'il connaît n'est que l'image produite par l'objet et non pas l'objet lui-même. Et cette image n'est pas une reproduction parfaite de l'objet, pour une raison que nous examinerons dans le prochain chapitre.

« Mais, pourra-t-on dire, en sera-t-il toujours ainsi ? Ne connaîtrons-nous jamais les choses elles-mêmes ? » Ceci nous amène à la distinction capitale entre la conscience et la matière au sein de laquelle elle opère, et cela nous permet de trouver une réponse à cette question, naturelle à l'esprit humain. Après que la conscience, par une longue évolution, a acquis le pouvoir de reproduire en elle tout ce qui existe au dehors, l'enveloppe matérielle au sein de laquelle elle a opéré tombe, et la conscience, qui est connaissance, identifie son

Moi à tous les Moi au milieu desquels elle a évolué, et considère uniquement comme Non-Moi la matière unie au même titre à chacun des Moi en particulier. C'est là le « Jour sois avec nous (1) », l'union, triomphe de l'évolution, où la conscience connaît soi-même et les autres et connaît les autres comme étant elle-même. Par la communauté de nature, la connaissance parfaite est atteinte et le Moi réalise cet état merveilleux où l'identité ne périt pas, où la mémoire n'est pas perdue, mais où la séparation prend fin et où le connaissant, le connu et la connaissance ne font qu'un.

C'est cette merveilleuse nature du Moi, qui, à l'heure actuelle, se développe en nous par la connaissance, qu'il nous faut étudier afin de comprendre la nature de la pensée, et il est nécessaire d'en voir clairement le côté illusoire afin de pouvoir utiliser l'illusion à démasquer cette illusion même. Étudions

(1) Il y a une faute d'impression dans le texte anglais. — il faut lire :

That is the Day « Be with us ». — C'est le jour « Sois avec nous ».

Explications détaillées :

Doctrine secrète, éd. française, vol. I, p. 119, 1re éd ; p. 114, 2e éd. (*Note des Éditeurs.*)

donc comment se forme la Connaissance — relation entre le Connaissant et le Connu — et cela nous conduira à voir plus clair dans la Nature de la pensée.

La Chaîne du Connaissant, du Connu et de la Connaissance.

Il y a un terme, celui de vibration, qui de plus en plus devient la note fondamentale de la science occidentale, après avoir été longtemps celle de la science orientale. Le mouvement est la racine de tout. La vie est mouvement; la conscience est mouvement. Et ce mouvement, quand il atteint la matière, s'appelle la vibration. L'Un, le Tout est conçu comme ne changeant pas, soit en tant que Mouvement Absolu, soit en tant qu'immobile, puisque dans l'Un le mouvement relatif ne saurait être. C'est seulement où existent une différenciation, ou des parties, que nous pouvons penser à ce que nous appelons mouvement, lequel est un changement de place dans une succession de temps. Quand l'Un devient plusieurs, le mouvement apparaît; c'est la santé, la conscience, la vie lorsqu'il est rythmique et régulier, de même que c'est la maladie, l'inconscience, la mort lorsqu'il n'est pas rythmé, qu'il est irrégulier. Car la vie et la mort sont sœurs jumelles, nées, au même titre, du mouvement, qui est manifestation.

Le mouvement doit forcément apparaître quand l'Un devient plusieurs, puisque, lorsque l'Omniprésent apparaît sous la forme de particules séparées, le mouvement infini doit représenter l'Omniprésence, ou, autrement dit, doit figurer son reflet, ou image, dans la matière. L'essence de la matière est la séparativité, comme celle de l'esprit est l'unité et lorsque la dualité apparaît dans l'Un, comme la crème dans le lait, le reflet de l'omniprésence de cet Un dans la multiplicité de la matière est incessant et produit le mouvement infini. Le mouvement absolu — la présence de chacune des unités se mouvant, en chacun des points de l'espace, à chacun des moments du temps — est identique au repos, n'étant que l'immobilité envisagée d'un autre point de vue, celui de la matière au lieu de celui de l'esprit. Du point de vue de l'esprit, il y a toujours l'Un; du point de vue de la matière, il y a toujours la pluralité.

Ce mouvement infini apparaît sous forme de mouvements, de vibrations rythmiques, dans la matière qui le manifeste, chaque Jîva (ou unité de conscience séparée) étant isolé, par un mur de matière l'enclosant, de tous les autres Jîvas (1). Chaque Jîva est ensuite incarné, habillé de divers vêtements de matière. Lorsque ces vêtements de matière vibrent, ils communiquent leurs vibrations à la matière qui les entoure, celle-ci devenant l'agent intermédiaire par lequel les vibrations sont transmises à l'extérieur; et cet intermédiaire, à son tour, communique l'impulsion de la vibration aux vêtements qui recouvrent un autre Jîva,

(1) Il n'y a pas, en anglais, de terme satisfaisant pour désigner « une unité-de-conscience séparée » — « esprit » et « âme » désignant des particularités variables suivant les diverses écoles de pensée. Je me risque donc à employer le mot Jîva au lieu de l'expression gauche « d'unité-de-conscience séparée ». (N. D. A.)

Jîva (mot sanscrit : litt. « Vivant, », de la racine jîv, vivre): l'être en soi, la « substance » émanée du Logos et identique à lui, mais conditionnée par la matière à laquelle elle est unie et qui en fait une unité vivante, c'est-à-dire consciente; une « unité de conscience ». (N. D. E.)

faisant ainsi vibrer celui-ci comme le premier. Dans cette série de vibrations — commençant dans un Jîva, produite dans le corps qui l'enferme, transmise par ce corps au milieu environnant, communiquée par celui-ci à un autre corps et de ce dernier au Jîva qui y est contenu — nous avons la chaîne de vibrations par laquelle l'un connaît l'autre. Le second connaît le premier parce qu'il le reproduit en lui-même et fait ainsi les expériences que l'autre a faites. Il y a cependant une différence. Car notre second Jîva est déjà à l'état vibratoire et son mouvement, après avoir reçu l'impulsion du premier, n'est pas une simple répétition de cette impulsion, mais une combinaison de son mouvement original propre avec celui qui lui est imposé du dehors, ce n'est donc pas une parfaite reproduction. On obtient des similitudes, de plus en plus approximatives, mais l'identité nous échappe toujours, tant que les vêtements demeurent.

Cette succession d'actions vibratoires s'observe souvent dans la nature. Une flamme est un centre d'activité vibratoire dans l'éther, appelée par nous chaleur ; ces vibrations ou ondes de chaleur déterminent dans l'éther environnant des ondes pareilles à elles et celles-ci déterminent, dans l'éther d'un morceau de fer voisin, les mêmes ondes, de sorte que les particules de ce fer vibrent sous l'impulsion ; il devient chaud et source de chaleur à son tour. C'est ainsi qu'une série de vibrations passe d'un Jîva à un autre, et tous les êtres sont rattachés ensemble par ce réseau de conscience.

C'est ainsi encore que, dans la nature physique, nous désignons différentes sortes de vibrations par des noms différents, appelant une série lumière, l'autre chaleur, l'autre électricité, l'autre son, et ainsi de suite; pourtant toutes sont de même nature, toutes sont des modes de mouvement de l'éther (1), bien que différant par le degré de vitesse et le caractère des ondes. Les pensées, les désirs, les actions, manifestations actives, à travers la matière, de la Connaissance, de la Volonté et de l'Énergie, sont toutes de même nature, c'est-à-dire toutes constituées par des vibrations, mais leurs phénomènes sont différents à cause

(1) Le son, primitivement, est aussi une vibration de l'éther.

du caractère différent des vibrations. Il existe une série de vibrations dans une sorte spéciale de matière, ayant un certain caractère : c'est ce que nous appelons les vibrations-pensées. Une autre série constitue les vibrations-désirs, une autre encore les vibrations-actions. Ces noms servent à décrire certains faits de la nature. Une certaine sorte d'éther est mis en vibration, les vibrations affectent nos yeux, nous appelons ce mouvement, lumière. Un autre éther, beaucoup plus subtil, a des vibrations qui sont perçues par le mental, c'est-à-dire provoquent de sa part une réponse et nous appelons ce mouvement, pensée. Nous sommes entourés d'une matière qui a des densités différentes et nous désignons les mouvements qui s'y produisent selon qu'ils nous affectent et que nous y répondons par des organes différents, qu'ils appartiennent à nos corps grossiers ou à nos corps subtils. Nous appelons « lumière » certains mouvements affectant l'œil ; nous appelons « pensée » certains mouvements affectant un autre organe, le mental. La « vision » a lieu lorsque, dans l'éther-lumière, des ondulations se produisent d'un objet à notre œil ; la « pensée » a lieu lorsque, dans l'éther-pensée, des ondulations se produisent entre un objet et notre mental. L'un n'est ni plus — ni moins — mystérieux que l'autre.

En traitant du mental, nous verrons que certaines modifications dans la disposition de ses éléments sont dues au contact d'ondes de pensée, tandis que, quand nous pensons à des choses concrètes, nous ressentons à nouveau les impressions primitivement reçues du dehors. Le sujet connaissant trouve l'occasion de son activité dans ces vibrations et, tout ce à quoi elles peuvent répondre, c'est-à-dire tout ce qu'elles peuvent reproduire, constitue la connaissance. La pensée est une reproduction, dans le mental du sujet connaissant, de ce qui n'est pas ce sujet connaissant. C'est un tableau produit par une combinaison de mouvements ondulatoires, une image, au sens tout à fait littéral. Une partie du Non-Moi vibre, et lorsque le sujet connaissant vibre en retour, cette partie devient le Connu; entr'eux la matière, animée d'un léger tressaillement, les met en contact l'un avec l'autre et rend la Connaissance possible. C'est ainsi que la relation du Connaissant, du Connu et de la Connaissance s'établit et se maintient.

CHAPITRE II

Le créateur d'illusion.

« Devenu indifférent aux objets de perception, l'élève doit chercher à découvrir le Râja des sens, le Producteur de pensée, celui qui fait naître l'illusion. »

« Le Mental est le grand destructeur du Réel. »

C'est ainsi qu'il est écrit dans un des fragments traduits par H. P. B. et extrait du *Livre des préceptes d'or* (1), cet exquis poème en prose, l'un des dons les plus précieux que l'auteur ait faits au monde. Il n'y a pas, pour le

(1) La Voix du silence, p. 14.

mental, de dénomination plus significative que celle de « Créateur d'illusion ».

Le mental n'est pas le sujet connaissant, et devrait toujours être soigneusement distingué de lui. La plupart des confusions et des difficultés qui embarrassent l'étudiant viennent de ce qu'il ne se rappelle pas la distinction entre lui, qui connaît, et le mental, instrument au moyen duquel il obtient ses connaissances. C'est comme si le sculpteur s'identifiait avec son ciseau.

Le mental est, par essence, double et matériel, étant constitué par une enveloppe de fine substance, appelée le corps causal joint à Manas (1), le mental abstrait, et par une enveloppe de substance plus grossière, appelée le corps mental joint à Manas, le mental concret,

(1) MANAS, terme sanscrit (racine *man*, observer, connaître, comprendre) employé avec les acceptions les plus variées dans les divers systèmes philosophiques de l'Inde. Le monde se compose de sept plans et la « substance », ou substratum de l'être se manifeste en sept modes correspondants. Chacun de ces modes comporte l'universelle dualité d'aspect qu'on indique comme vie et forme, force et matière, etc... Manas est l'énergie pensante, l'aspect-vie du mode intellectuel de l'être.

(N. D. E.)

manas lui-même étant le reflet, dans la matière atomique, de cet aspect du Moi qui représente la connaissance. Le mental limite le Jîva, qui, à mesure que la conscience augmente, se trouve de toutes parts entravé par elle. De même qu'un homme, qui, pour effectuer certaine tâche, mettrait des gants épais et trouverait que ses mains emprisonnées dans les gants ont perdu une grande partie de leur sensibilité, de leur délicatesse de toucher, de leur aptitude à ramasser de menus objets et qu'elles ne sont plus capables d'en saisir que de gros, de sentir les lourdes pressions, de même en est-il lorsque le sujet Connaissant revêt le mental. La main est là en même temps que le gant, mais son pouvoir est fortement diminué; le sujet Connaissant est là en même temps que le mental, mais ses facultés sont très restreintes dans leur expression.

Nous réserverons, dans les paragraphes suivants, le terme de mental au mental concret : au corps mental joint à manas.

Le mental est le résultat de la pensée antérieure et il est constamment modifié par la pensée actuelle; c'est une chose précise et définie, douée de certaines propriétés et de certaines incapacités, de force et de faiblesse, qui sont le résultat d'une activité déployée dans des existences antérieures. Notre mental est ce que nous l'avons fait; nous ne pouvons pas le modifier, si ce n'est lentement; nous ne pouvons pas le dépasser par un effort de volonté; nous ne pouvons pas nous en affranchir, ni remédier instantanément à ses imperfections. Tel qu'il est, il est nôtre, c'est une partie du Non-Moi appropriée à notre usage, façonnée pour nous et c'est par lui seulement que nous pouvons connaître.

Tout ce qui résulte de nos pensées antérieures est présent en nous grâce au mental; chaque mental a son mode propre de vibration, sa propre sorte de vibration et est en mouvement perpétuel, présentant une suite de tableaux toujours changeants. Toute impression qui nous arrive du dehors est reçue dans cette sphère déjà en activité et la masse des vibrations existantes modifie la nouvelle venue, en même temps qu'elle se trouve modifiée par celle-ci. La résultante n'est donc pas une reproduction exacte de la nouvelle vibration, mais une combinaison de cette dernière avec les vibrations déjà existantes. Empruntons encore une comparaison à la lumière. Si nous mettons un morceau de verre rouge devant nos yeux et si nous regardons des objets verts, ils nous paraîtront noirs. Les vibrations qui nous donnent la sensation du rouge sont interceptées par celles qui nous donnent la sensation du vert et l'œil est induit en erreur lorsqu'il voit l'objet noir. De même, si nous regardons un objet bleu à travers un verre jaune, nous le verrons noir. Dans chacun de ces cas, un intermédiaire coloré cause une impression de couleur différente de celle qu'eût fourni l'objet regardé à l'œil nu. Et même, en regardant les choses à l'œil nu, nous les voyons un peu différemment, car l'œil modifie les vibrations qu'il reçoit, et d'une manière plus sensible que bien des gens ne se l'imaginent. L'influence du mental, en tant qu'intermédiaire au moyen duquel le sujet Connaissant contemple le monde extérieur, est très comparable à l'influence des verres colorés sur la couleur des objets vus à travers eux. Le moi Connaissant est aussi inconscient de cette influence du mental qu'un homme à qui il n'aurait jamais été donné de voir (sinon à travers des verres rouges ou bleus), serait inconscient des altérations qu'ils produisent dans les couleurs du paysage.

C'est à ce point de vue superficiel et qui tombe sous le sens, que l'esprit est appelé le « Créateur d'illusion ». Il ne nous apporte que des images déformées, combinaisons de lui-même et des objets extérieurs. En un sens beaucoup plus profond, d'ailleurs, il est encore « Créateur d'illusion », à savoir en ce sens, que ces images déformées elles-mêmes, ne sont que les images d'apparences, non de réalités, des ombres d'ombres ; voilà tout ce que le mental nous fournit. Mais il nous suffira, actuellement, de considérer les illusions dues à sa nature propre.

Les idées que nous nous faisons du monde seraient toutes différentes, si nous pouvions le connaître tel qu'il est, même sous son aspect phénoménal, au lieu de ne le connaître qu'au moyen de vibrations modifiées par le mental. Et la chose n'est aucunement impossible, bien qu'elle ne puisse être réalisée que par ceux qui ont poussé très avant le contrôle de leur mental. Les vibrations du mental peuvent s'arrêter, si la conscience s'en détourne; le contact d'un objet façonnera alors une image correspondant exactement à cet objet, les vibrations étant identiques en qualité et en quantité, sans alliage de vibrations dues à l'observateur. Ou bien, la conscience peut se projeter et animer l'objet observé, de façon à en percevoir directement les vibrations. Dans les deux cas on obtient une connaissance réelle de la forme. L'idée, dans le monde des noumènes, dont la forme exprime l'aspect phénoménal, peut être connue, elle aussi, mais seulement au moyen de la conscience opérant dans le corps causal, sans l'entrave du mental concret ou des véhicules inférieurs.

Cette vérité, à savoir que nous connaissons uniquement nos impressions des choses, non les choses elles-mêmes, — si ce n'est dans les cas que je viens de mentionner, — est d'une importance capitale, quand on l'applique à la vie pratique. Elle nous enseigne l'humilité et la prudence, nous dispose à accueillir les idées nouvelles. Nous apprenons à nous défaire de notre instinctive conviction d'avoir raison dans nos observations, nous apprenons à nous analyser avant de condamner les autres.

Un exemple contribuera à nous rendre ceci plus clair.

Je rencontre une personne dont l'activité vibratoire s'exprime sous un mode complémentaire du mien. En nous rencontrant nous nous annulons réciproquement; il en résulte que nous ne nous plaisons pas, nous ne découvrons rien l'une chez l'autre et nous nous étonnons, chacune de notre côté, que X... trouve tant d'esprit à notre voisine, alors que nous nous jugeons réciproquement si incroyablement stupides. Mais, si j'ai acquis quelque connaissance de moi-même, cet étonnement sera surmonté, en ce qui me concerne. Au lieu de penser que la personne est stupide, je me demanderai : « Que manque-t-il en moi qui m'empêche de répondre à ses vibrations? Toutes deux nous vibrons et si je ne peux pas pénétrer dans sa pensée et sa vie, c'est parce que je ne peux pas reproduire ses vibrations. Pourquoi jugerais-je cette personne, puisque je ne peux même pas la connaître avant de m'être modifiée suffisamment pour être capable de lui donner accès? » — Nous ne pouvons guère modifier les autres, mais nous pouvons, dans une large mesure, nous modifier nous-mêmes et nous devrions nous efforcer sans cesse de développer notre faculté réceptive. Nous devons devenir pareils à la lumière blanche dans laquelle toutes les couleurs sont présentes, qui n'en altère aucune parce qu'elle n'en repousse aucune, et qui possède en elle-même le pouvoir de répondre à chacune. Nous pouvons mesurer la distance qui nous sépare encore de la lumière blanche à notre aptitude à répondre aux caractères les plus divers.

Le corps mental joint à Manas.

Nous pouvons maintenant envisager la composition du mental, en tant qu'organe de conscience, sous son aspect de sujet connaissant et voir quelle est cette composition, comment nous avons façonné le mental dans le passé, comment nous pouvons le modifier dans le présent.

L'esprit, envisagé du côté de la vie, est Manas, et Manas est le reflet, dans la matière atomique du troisième plan — le mental, ou plan de l'aspect cognitif du Moi, — du Moi en tant que sujet connaissant.

Envisagé du côté de la forme, il présente deux aspects, qui conditionnent respectivement l'activité de Manas, la conscience opérant sur le plan mental. Ces aspects sont dûs aux agrégations de matière de ce plan, qui ont été attirées autour du centre de vibration atomique. Cette matière, nous l'appelons, d'après sa nature et son usage, matière-esprit, ou matière-pensée. Elle forme une grande région dans l'univers, pénétrant les matières astrale et physique et compte sept subdivisions, correspondant aux états de la matière sur le plan physique; elle est surtout sensible aux vibrations qui viennent du Moi, sous son aspect de Connaissance et cet aspect lui imprime son caractère spécifique.

Le premier aspect, et le plus élevé, du mental envisagé du côté de la forme, est ce qu'on appelle le corps causal. Il est composé de matières empruntées aux cinquième et sixième subdivisions du plan mental, correspondant aux éthers les plus subtils du plan physique. Ce corps causal est peu développé, chez la plupart, au stade actuel de l'évolution, car il n'est pas employé dans les opérations mentales ayant trait aux objets extérieurs, et nous pouvons par suite le laisser de côté, du moins pour le moment. C'est, en somme, l'organe de la pensée abstraite.

Le second aspect est ce qu'on appelle le corps mental, il est composé de matière-pensée appartenant aux quatre subdivisions inférieures du plan mental, correspondant à l'éther le plus dense et aux états gazeux, liquide et solide de la matière sur le plan physique. On pourrait l'appeler le corps mental dense. Les corps mentals présentent sept grands types fondamentaux, dont chacun comprend des formes aux degrés de développement les plus divers, qui toutes évoluent et progressent selon les mêmes lois. Comprendre et appliquer ces lois, c'est échanger la lente évolution de la nature contre la rapide croissance due à l'intelligence se déterminant elle-même. D'où l'importance essentielle de leur étude.

Construction et évolution du corps mental.

La méthode selon laquelle la conscience construit son véhicule devrait être clairement comprise, car chaque jour et chaque heure de la vie nous fournissent l'occasion d'appliquer cette méthode à des fins élevées. Que nous veillions ou dormions, nous sommes toujours en train de construire notre corps mental; car lorsque la conscience vibre, elle affecte la matière mentale qui l'entoure et chaque frémissement de conscience, bien que dû uniquement à une pensée passagère, attire dans le corps mental quelques particules de matière mentale et en fait sortir quelques autres. En tant qu'il s'agit du véhicule — le corps —, ceci est dû à la vibration ; mais il ne faut pas oublier que l'*essence* même de la conscience est de s'identifier constamment avec le Non-Moi et de s'affirmer elle-même à nouveau, tout aussi constamment, en rejetant le Non-Moi; la conscience *consiste* dans l'alternance de l'affirmation et de la négation suivantes : « Je suis cela », « je ne suis pas cela », c'est pourquoi son mouvement constitue et produit, dans la matière, cette attraction suivie de répulsion que nous appelons vibration. La matière environnante est ébranlée, elle aussi, et sert ainsi d'intermédiaire pour affecter d'autres consciences.

Or, la finesse ou la grossièreté de la matière ainsi appropriée dépend de la qualité des vibrations déterminées par la conscience. Les pensées pures et élevées sont composées de vibrations rapides et ne peuvent affecter que les éléments rares et subtils de la substance mentale. Les parties plus grossières ne sont pas atteintes, étant incapables de vibrer avec la vitesse voulue. Lorsqu'une pensée de cette sorte fait vibrer le corps mental, des particules de la matière la plus grossière sont rejetées hors du corps et leur place est prise par des particules plus fines, de sorte que de meilleurs matériaux sont introduits dans le corps mental. De même, les pensées basses et mauvaises attirent dans le corps mental les matériaux plus grossiers qui conviennent à leur expression et ces matériaux chassent et repoussent les espèces plus fines.

Ainsi, ces vibrations de conscience font sans cesse sortir une catégorie de matière pour en réintroduire une autre. Et il en résulte, comme une conséquence nécessaire, que suivant la catégorie de matière que nous aurons introduite jadis dans notre corps mental, se trouvera déterminée notre faculté de répondre aux pensées qui nous parviendront actuellement du dehors. Si notre corps mental est composé de fins matériaux, les pensées grossières et mauvaises ne trouveront pas de réponse en nous et par suite ne nous feront aucun tort; tandis que s'il est composé de matériaux grossiers, il sera affecté par toute mauvaise influence adventice, il demeurera sans réponse devant le bien et n'en bénéficiera pas.

Lorsque nous sommes mis en contact avec quelqu'un dont les pensées sont élevées, ses vibrations-pensées, en agissant sur nous, provoquent des vibrations de la matière qui, dans notre corps mental, est capable d'y répondre; ces vibrations, à leur tour, dérangent et même expulsent un peu de ce qui est trop grossier dans notre corps mental pour vibrer à leur haut degré d'activité. Le profit que nous retirons d'autrui dépend ainsi, pour une grande part, de notre propre pensée antérieure, et notre « compréhension » d'autrui, notre faculté de répondre aux autres êtres, sont conditionnées par cela encore. Nous ne pouvons pas penser l'un pour l'autre; notre partenaire ne peut que penser ses propres pensées, amenant ainsi, dans la substance-esprit qui l'entoure, des vibrations correspondantes, lesquelles agissent sur nous, éveillant dans notre corps mental des vibrations sympathiques. Ce sont celles-ci qui affectent la conscience. Un penseur extérieur à nous ne peut affecter notre conscience qu'en suscitant ces vibrations dans notre corps mental.

Mais une compréhension immédiate ne suit pas toujours la production de ces vibrations, venues du dehors. L'effet ressemble parfois à celui du soleil, de la pluie et de la terre sur la semence enfouie dans le sol. Il n'y a pas, tout d'abord, de réponse visible aux vibrations qui agissent sur cette semence; mais au dedans d'elle se produit un léger frissonnement de la vie qui l'anime, et ce frissonnement devient de jour en jour plus fort, jusqu'à ce que la vie, en évoluant, fasse éclater l'écorce de la semence, puis projette une petite racine et une tige grandissante. Il en va de même pour l'esprit. La conscience frissonne légèrement au dedans d'elle-même, avant d'être en état de répondre extérieurement aux contacts qu'elle subit; et alors que nous ne sommes point encore capables de comprendre un noble penseur, il y a cependant en nous, un frissonnement inconscient qui est le précurseur de notre réponse consciente. Lorsque nous quittons la présence d'un grand être, nous sommes un peu plus rapprochés, que nous ne l'étions auparavant, de la riche vie de pensée qui en émane : le développement de certains germes de pensée a été hâté en nous, et l'évolution de nos esprits a été facilitée.

En une certaine mesure, donc, le façonnement et le développement de notre esprit peuvent être accomplis du dehors, mais ils doivent résulter surtout de l'activité de notre conscience ; et si nous voulons que notre corps mental soit fort, bien vivant, actif, apte à saisir les pensées les plus élevées qu'on nous présentera, nous devons travailler obstinément à bien penser ; car nous sommes nos propres constructeurs et modelons nous-mêmes notre mental.

Il y a nombre de gens qui lisent beaucoup. Mais la lecture ne façonne pas le mental, la pensée seule le façonne. La lecture ne vaut que parce qu'elle fournit des matériaux à la pensée. Un homme peut lire beaucoup, son développement mental n'en reste pas moins proportionné à la somme de pensée qu'il fournit en lisant. La valeur qu'aura pour lui la pensée lue dépend de l'usage qu'il en fera. A moins qu'il ne recueille cette pensée et ne travaille par lui-même cette donnée, la valeur en sera mince et passagère. « Lire remplit l'homme », dit Lord Bacon et il en est du mental comme du corps. Manger remplit l'estomac, mais de même que l'aliment est sans profit pour le corps s'il n'est digéré et assimilé, de même le mental peut être rempli par la lecture, mais s'il n'y a pas de pensée, il n'y a pas d'assimilation de ce qui est lu et le mental ne croît pas, il est même probable qu'il souffrira d'être surchargé et se trouvera affaibli plutôt que fortifié par un fardeau d'idées non assimilées.

Nous devons lire moins et penser davantage si nous voulons que notre mental s'élargisse et que notre intelligence se développe. Si nous prenions au sérieux la culture de notre mental, nous consacrerions chaque jour une heure à l'étude de quelque livre sérieux et suggestif : nous lirions cinq minutes et réfléchirions dix minutes — et ainsi de suite durant toute l'heure. Le procédé habituel consiste à lire rapidement pendant une heure, puis à mettre le livre de côté jusqu'à ce que vienne l'heure de se remettre à lire. C'est pourquoi, chez la plupart des gens, la faculté de penser se développe très lentement..

Un des points les plus caractéristiques, dans le mouvement théosophique, c'est le progrès mental qu'on peut constater d'année en année chez ses membres. Cela est dû, en grande partie, au fait qu'on leur enseigne la nature de la pensée ; ils commencent à comprendre un peu son mode de travail et s'appliquent à façonner leur corps mental, au lieu de le laisser se développer par les processus de la nature, abandonnés à eux-mêmes. L'étudiant désireux de progrès devrait décider qu'aucun jour ne se passera sans en consacrer cinq minutes au moins à lire et dix à réfléchir profondément sur ce qui a été lu. Au début, notre homme trouvera l'effort ennuyeux et laborieux, il constatera la faiblesse de sa pensée. Cette découverte marque un premier pas, car c'est beaucoup de constater qu'on est incapable de penser fortement et d'une façon prolongée. Les gens incapables de penser mais qui s'imaginent qu'ils peuvent le faire, progressent peu. Il vaut mieux connaître sa propre faiblesse que s'imaginer qu'on est fort lorsqu'on est faible. La conscience de la faiblesse, — l'incapacité de fixer le mental, le sentiment de chaleur, de confusion et de fatigue qui se produit dans le cerveau, après un effort prolongé pour suivre un développement de pensée difficile, — est de tout point analogue au sentiment similaire éprouvé dans les muscles après un grand épuisement musculaire. Grâce à l'exercice régulier et prolongé, — mais pas excessif, — la force de la pensée se développe, comme la force musculaire. Et en même temps qu'elle se développe, cette force de pensée devient dirigeable et peut être utilisée à des fins précises. Sans cette pensée, le corps mental restera mal défini et inorganisé; et si l'on ne gagne pas en concentration — en capacité de fixer la pensée sur un point défini, — on ne peut pas exercer du tout la puissance de la pensée.

CHAPITRE III

La transmission de la pensée.

Presque tout le monde, de nos jours, est désireux de pratiquer la transmission de la pensée et rêve aux délices de communiquer avec un ami absent, sans recourir au télégraphe ou à la poste. Beaucoup de gens semblent croire qu'il leur suffira, pour accomplir cette tâche, d'un très léger effort et ils sont très surpris lorsqu'ils viennent à échouer totalement dans leur entreprise. Il est cependant clair qu'il faut être capable de penser avant de pouvoir transférer sa pensée et qu'une certaine puissance de pensée vigoureuse est nécessaire afin de projeter à travers l'espace un courant de pensée. Les pensées faibles et vacillantes de la majorité des gens ne produisent que des vibrations tremblotantes dans l'atmosphère de la pensée, vibrations qui apparaissent et s'évanouissent à toute minute, sans donner naissance à aucune forme définie, et douées d'une vitalité infiniment faible. Une forme-pensée doit être nettement découpée et d'une vitalité solide si elle est destinée à être lancée dans une direction définie et si l'on requiert d'elle assez de force pour qu'en arrivant à destination, elle détermine une reproduction d'elle-même.

Il y a deux méthodes de transférer la pensée, l'une qu'on peut appeler physique, l'autre psychique : l'une relevant du cerveau autant que du mental, l'autre du mental seul. Une pensée peut être engendrée par la conscience, produire une vibration dans le corps mental, puis dans le corps astral, déterminer des ondulations dans l'éther, puis dans les molécules plus denses du cerveau physique ; sous l'action de ces vibrations cérébrales, l'éther physique est affecté et les ondes passent au dehors jusqu'à ce qu'elles atteignent un autre cerveau et y déterminent des vibrations, tant dans l'éther que dans les molécules plus denses. Par ce cerveau récepteur, des vibrations sont produites dans le corps astral, puis dans le corps mental, qui tous deux sont attachés à lui et les vibrations du corps mental font jaillir, en réponse, un frissonnement dans la conscience. Tels sont les nombreux stades de l'arc traversé par une pensée. Mais ce long détour n'est pas nécessaire. La conscience peut, lorsqu'elle produit des vibrations dans son corps mental, diriger ces vibrations tout droit sur le corps mental de la conscience réceptrice, évitant ainsi le circuit que nous venons de décrire.

Examinons ce qui arrive en ce cas.

Il y a dans le cerveau un petit organe, la glande pinéale, dont les fonctions sont inconnues des physiologistes occidentaux et dont les psychologues occidentaux ne s'occupent pas. C'est un organe rudimentaire chez la plupart des individus, mais qui, loin de rétrograder, évolue et dont il est possible de hâter l'évolution au point de mettre cet organe à même d'accomplir sa fonction propre, celle que dans l'avenir, il remplira chez tous. Cette glande est l'organe du transfert de la pensée, comme l'œil est l'organe de la vision, ou l'oreille celui de l'audition.

Quiconque pensera assidûment à une seule idée, en concentrant sur elle une attention soutenue, aura conscience d'un léger frisson dans la glande pinéale, d'une sensation de fourmillement. Le frisson a lieu dans l'éther où baigne la glande et il produit un léger courant magnétique, lequel donne naissance à la sensation de fourmillement dans les molécules denses de la glande. Si la pensée a été assez forte pour produire le courant, le penseur saura qu'il a réussi à donner à sa pensée une netteté et une vigueur qui la rendent apte à être transmise.

Cette vibration dans l'éther de la glande pinéale détermine des ondes dans l'éther ambiant, semblables à des ondes de lumière, bien que beaucoup plus petites et plus rapides. Ces ondes se propagent dans toutes les directions, mettant l'éther en mouvement e ces ondes d'éther à leur tour, en produisent d'autres dans l'éther de la glande pinéale d'un autre cerveau, pour être transmises de là aux corps astral et mental, gagnant ainsi la conscience suivant l'ordre régulier. Si la seconde glande pinéale ne peut pas reproduire ces ondulations, la pensée passera inaperçue, elle ne fera pas d'impression, pas plus que les ondes lumineuses ne font d'impression sur l'œil d'un aveugle.

Dans la seconde méthode de transmission, le penseur ayant créé une forme-pensée sur son propre plan, ne la fait pas descendre au cerveau mais la dirige immédiatement vers un autre penseur situé sur le même plan mental. Le pouvoir d'agir ainsi délibérément implique un degré beaucoup plus élevé dans l'évolution mentale que celui représenté par la méthode physique de la transmission de la pensée, car celui qui agit doit être conscient sur le plan mental pour pouvoir exercer sciemment cette activité.

Mais ce pouvoir, chacun de nous l'exerce continuellement, quoique d'une façon indirecte et inconsciente, puisque toutes nos pensées produisent, dans le corps mental, des vibrations qui doivent, par suite de la nature des choses, être propagées à travers la matière mentale environnante.

Il n'y a pas de raison pour restreindre le sens du mot « transmission de la pensée » aux transmissions conscientes et délibérées que fait, d'une pensée particulière, une personne à une autre. Nous nous influençons continuellement les uns les autres par ces ondes de pensée, produites sans intention définie, et ce qu'on appelle l'opinion publique se forme en grande partie par ce procédé. La plupart des gens pensent d'une certaine façon non pas parce qu'ils ont soigneusement médité une question et qu'ils sont arrivés à une conclusion, — mais parce qu'un grand nombre de personnes pensent d'une certaine façon et entraînent les autres avec elles. La pensée vigoureuse d'un grand penseur se répand dans le monde, elle est recueillie par des esprits passifs qui s'en font l'écho. Ceux-ci reproduisent les vibrations du premier et renforcent ainsi l'onde de pensée, impressionnant alors d'autres esprits qui seraient restés sans réponse aux ondes originelles. Ceux-ci répondant, apportent un surcroît de force aux ondes qui deviennent encore plus fortes, impressionnant alors une quantité énorme de gens.

L'opinion publique une fois formée exerce une influence prépondérante sur l'esprit de la grande majorité, frappant sans cesse sur tous les cerveaux et suscitant chez eux des ondes qui répondent à celles reçues.

Il y a aussi certaines façons de penser nationales, des canaux précis et profondément creusés résultant de la répétition continuelle, pendant des siècles, des mêmes pensées nées de l'histoire des luttes et des coutumes d'une nation. Elles modifient profondément et colorent vivement le mental de tous ceux qui appartiennent à cette nation, et tout ce qui vient du dehors est modifié par le mode de vibration national. De même que les pensées qui nous viennent du monde extérieur sont modifiées par notre corps mental et qu'en les recevant nous accueillons leurs vibrations, *plus* nos propres vibrations normales — c'est-à-dire une résultante —, de même les nations, recevant des impressions des nations voisines, les enregistrent modifiées par leur propre mode de vibration national. C'est ainsi que l'Anglais et le Français, l'Anglais et le Boer voient les mêmes faits mais y ajoutent leurs propres possessions antérieures et s'accusent, de très bonne foi, les uns les autres de falsifier les faits et de pratiquer des méthodes illégitimes.

Si cette vérité, avec son caractère inéluctable, était reconnue, bien des querelles internationales seraient aplanies plus aisément que ce n'est le cas aujourd'hui, bien des guerres seraient évitées et à celles qu'on soutiendrait encore, on mettrait fin plus facilement. Chaque nation reconnaîtrait, en outre, ce qu'on appelle quelquefois « l'équation personnelle » et au lieu de blâmer la nation voisine à cause d'une différence d'opinion, chacune chercherait un moyen terme entre les deux manières de voir, aucune ne soutiendrait exclusivement la sienne propre.

La question pratique par excellence, qui se pose à l'individu dès qu'il a connaissance de ce continuel et général transfert de la pensée, est la suivante : Quel gain puis-je retirer, quel mal puis-je éviter, dès lors que je vis dans une atmosphère mélangée, où les ondes de pensées, bonnes et mauvaises, sont sans cesse actives et frappent sans cesse mon cerveau ? Comment puis-je me mettre en garde contre une transmission de pensée préjudiciable et comment puis-je profiter d'une autre salutaire? Il est d'une importance capitale de savoir comment nous pouvons faire la sélection.

Chacun de nous est la personne qui exerce la plus constante influence sur son propre corps mental. Les autres le modifient occasionnellement, lui toujours. L'orateur que nous écoutons, l'auteur dont nous lisons le livre exercent une influence sur notre corps mental. Mais ce sont des incidents dans notre vie, tandis que nous-mêmes nous sommes un facteur permanent. Notre propre influence sur la composition de notre corps mental est beaucoup plus forte que celle de n'importe qui et c'est nous-mêmes qui fixons le mode de vibration normal de notre mental. Les pensées qui ne s'harmonisent pas avec ce mode seront rejetées de côté lorsqu'elles arriveront au contact du mental. Si un homme pense la vérité, un mensonge ne pourra pas élire domicile en son cœur; s'il a des pensées d'amour, la haine ne pourra pas le troubler; s'il pense selon la sagesse, l'ignorance ne pourra pas le paralyser. C'est en cela seulement que résident la sécurité, la puissance réelle. On ne doit pas tolérer que le mental reste en jachère, car alors n'importe quelle semence de pensée pourrait y prendre racine et s'y développer; on ne doit pas tolérer qu'il vibre comme il veut, par la raison qu'il répondrait à n'importe quelle vibration.

C'est en cela que réside la leçon pratique. L'homme qui l'appliquera en découvrira vite la valeur, il s'apercevra que par la pensée on peut rendre la vie plus noble et plus heureuse et que, par la sagesse, on peut effectivement mettre fin à la souffrance.

CHAPITRE IV

Les débuts de la pensée.

Peu de personnes, en dehors du cercle de celles qui étudient la psychologie, se sont préoccupées de résoudre cette question : D'où provient la pensée ? Lorsqu'aujourd'hui nous venons au monde, nous nous trouvons en possession d'une forte somme de pensées toutes faites, d'une vaste réserve de ce que nous appelons « idées innées ». Ce sont des conceptions que nous apportons avec nous en venant au monde, ce sont les résultats condensés ou résumés des expériences que nous avons faites dans les existences qui ont précédé notre existence actuelle. Munis de cet approvisionnement mental, nous commençons à agir dans cette vie et jamais le psychologue n'est à même d'étudier, par l'observation directe, les débuts de la pensée.

Il peut, cependant, apprendre quelque chose en observant un enfant, car de même que le corps physique du nouveau-né parcourt rapidement, dans la vie pré-natale, la longue évolution physique du passé, de même le corps mental nouveau traverse rapidement les étapes de son long développement antérieur. Il est vrai que le « corps mental » n'est nullement identique à la « pensée » et que, par suite, même en étudiant le nouveau corps mental lui-même, nous n'étudions aucunement, en réalité, les « commencements de la pensée » ; cela nous paraîtra encore bien plus vrai si nous considérons que peu de gens peuvent même étudier le corps mental directement et qu'ils sont réduits à observer les effets des actions de ce corps sur son associé plus dense, le cerveau physique avec le système nerveux. La « pensée » est aussi distincte du corps mental que du corps physique ; elle appartient à la conscience, à la vie, tandis que les corps mental et physique appartiennent, *l'un comme l'autre*, à la forme, à la matière et sont de simples véhicules transitoires, de simples instruments. Ainsi qu'il a déjà été dit, l'étudiant doit avoir toujours présente à la mémoire « la distinction entre celui qui connaît et le mental, qui est l'instrument au moyen duquel il obtient la connaissance » — ainsi que la définition déjà donnée du mot « mental », à savoir « le corps mental joint à Manas », c'est-à-dire un composé.

Nous pouvons, cependant, en étudiant les effets de la pensée sur ces corps, lorsqu'ils sont nouveaux, acquérir, en raisonnant par analogie, quelques notions relatives aux débuts de la pensée, au moment où le Moi, dans un univers donné, prend pour la première fois contact avec le Non-Moi. Ces observations pourront nous aider en vertu de l'adage : « En bas comme en haut. » Toute chose n'est ici qu'une réflexion, et en étudiant les réflexions nous pouvons apprendre quelque chose sur les objets qui les produisent.

Si l'on observe soigneusement un enfant, on verra que les sensations — les réponses aux excitations par les sentiments de plaisir et de peine, et primitivement par les senti ments de peine — précèdent toute marque d'intelligence. C'est-à-dire que les sensations vagues précèdent les connaissances précises. Avant sa naissance, l'enfant subsistait grâce aux forces de vie se transmettant à travers le corps maternel. Au moment où il est lancé dans l'existence, indépendant, ces forces lui sont supprimées. La vie se retire du corps et n'est pas tout de suite renouvelée; ces forces de vie diminuant, un besoin se fait sentir et ce besoin est la douleur. La satisfaction du besoin donne le bien-être, le plaisir, et l'enfant retourne à l'inconscience. Bientôt la vue et le son éveillent des sensations, mais il n'y a encore aucune marque d'intelligence. Il y en a pour la première fois lorsque la vue ou la voix de la mère (ou de la nourrice), est associée à la satisfaction du besoin sans cesse renaissant, au plaisir occasionné par la nourriture; l'intelligence apparaît avec l'association, dans la mémoire ou par elle, d'un groupe de sensations se reproduisant, avec un même objet extérieur, considéré comme distinct de ces sensations et comme leur cause. La pensée est la connaissance d'une relation entre une pluralité de sensations et une unité qui les relie. C'est la première expression de l'intelligence ; la première pensée — en langage technique, c'est la « perception ». Son essence est l'établissement de la relation précédemment décrite entre une unité de conscience — un Jîva — et un objet, et partout où cette relation est établie, la pensée est présente.

Ce fait simple et toujours vérifiable peut servir d'exemple général pour nous montrer le commencement de la pensée dans un Moi isolé, c'est-à-dire dans un triple Moi, renfermé dans une enveloppe de matière, si subtile soit-elle, dans *un* Moi distinct *du* Moi (1) ; dans ce Moi isolé, les sensations précèdent les pensées, l'attention du Moi est éveillée par une impression faite sur lui et à laquelle il répond par une sensation. Le sentiment violent du besoin, dû à la diminution de l'énergie vitale, est impuissant par lui-même à éveiller l'attention; mais ce besoin est satisfait par le contact du lait qui produit une impression locale définie, impression suivie d'un sentiment de plaisir. Après que le phénomène s'est souvent répété, le Moi atteint le

(1) Dans un Moi individuel par opposition au Moi indivis. (N. D. E.)

monde extérieur, vaguement, en tâtonnant; il se porte vers le monde extérieur, par suite de la direction de l'impression, qui est venue du dehors. L'énergie vitale se répand ainsi dans le corps mental et le vivifie, de sorte qu'il réfléchit — faiblement d'abord — l'objet qui, en prenant contact avec le corps, a causé la sensation. Cette modification dans le corps mental, répétée mainte et mainte fois, stimule le Moi sous son aspect cognitif et il vibre d'une manière correspondante. Il a éprouvé le besoin, le contact, le plaisir, et avec le contact une image se présente, l'œil étant affecté en même temps que les lèvres, car ces deux sensations se sont confondues. Le Moi, en vertu de la nature qui lui est inhérente, relie l'une à l'autre ces trois choses : le besoin, l'image donnée dans le contact et le plaisir — et cette liaison constitue la pensée. Tant que le Moi n'a pas répondu par cet acte, il n'y a pas de pensée; c'est le Moi qui perçoit, ce n'est ni un agent autre, ni un agent inférieur.

Par cette perception, le désir se spécialise, il cesse d'être une vague aspiration vers n'importe quoi, il devient une aspiration définie vers quelque chose de déterminé —

le lait. Mais la perception a besoin d'être révisée car le sujet connaissant a associé trois choses ensemble et l'une d'elles doit être séparée des autres — à savoir le besoin. Il est significatif qu'à un stade peu avancé la vue de la personne qui donne le lait éveille le besoin, le sujet connaissant évoquant le besoin lorsqu'apparaît l'image qui lui est associée; l'enfant qui n'a pas faim pleure pour avoir le sein lorsqu'il voit sa mère; plus tard, ce lien erroné est rompu et l'image de la nourrice est associée au plaisir, comme sa cause ; elle est regardée alors comme l'objet du plaisir. Le désir qu'a l'enfant de sa mère est constitué et devient, dès lors, un nouvel excitant pour la pensée.

Relation entre la sensation et la pensée.

Dans maint traité de psychologie, en Occident aussi bien qu'en Orient, il est nettement déclaré que toute pensée plonge ses racines dans la sensation, qu'un grand nombre de sensations doivent être accumulées avant qu'il y ait une pensée.

« L'Esprit, tel que nous le connaissons », dit H. P. Blavatsky, « peut se résoudre en états de conscience variant en durée, intensité, complication, etc., mais, au bout du compte, tous basés sur la sensation qui est toujours maya » (1). Quelques auteurs sont allés plus loin et ont déclaré, non seulement que les sensations sont les matériaux à l'aide desquels les pensées sont construites, mais encore que les pensées sont produites par les sensations, négligeant ainsi tout Penseur, tout sujet connaissant. D'autres, à l'extrême opposé, considèrent la pensée comme le résultat de l'activité du sujet connaissant, activité qui serait produite du dedans, au lieu de recevoir du dehors la première impulsion, les sensations étant les matériaux auxquels le Penseur applique les facultés spécifiques qui lui sont inhérentes, mais non la condition nécessaire de son activité.

Ces deux manières de voir — celle qui fait de la pensée le produit des seules sensations et celle qui en fait le produit du sujet connaissant — renferment chacune une part de vérité,

(1) *Doctrine secrète*, I, 38, note, 2e édit.

mais la vérité absolue est entre les deux conceptions. S'il est nécessaire à l'éveil du sujet connaissant que les sensations agissent sur lui du dehors et si la première pensée produite est la conséquence d'impulsions dues à la sensation, les sensations en sont en un sens les antécédents nécessaires ; — cependant, si le Moi n'avait pas en lui la faculté de lier les choses entre elles, si sa propre nature n'était pas de connaître, les sensations pourraient lui être apportées continuellement sans que jamais une pensée se produisît. On n'énonce qu'une moitié de la vérité en disant que les pensées ont leur origne dans les sensations, il faut que celles-ci soient élaborées, qu'une puissance les organise, établisse des liens les rattachant l'une à l'autre, des relations entre elles, ainsi qu'entre elles et le monde extérieur. Le penseur est le père, la sensation la mère, la pensée l'enfant.

Si les pensées ont leur origine dans les sensations et si ces sensations sont dues à des empreintes du monde extérieur, il est de la plus haute importance, lorsque se produit une sensation, que la nature et l'étendue de cette sensation soient exactement observées.

La première tâche du sujet connaissant est d'observer ; s'il n'y avait rien à observer il demeurerait toujours endormi ; mais lorsqu'un objet lui est présenté, lorsqu'en tant que Moi il est conscient d'un choc, alors, en tant que sujet connaissant, il observe. De la justesse de son observation dépend la pensée qu'il va façonner, en rassemblant un grand nombre d'observations analogues. S'il observe inexactement, s'il rétablit une relation erronée entre l'objet qui a causé le choc et lui-même, qui observe ce choc, — de cette erreur dans son travail découleront, en conséquence, une multitude d'erreurs que rien ne pourra redresser, si ce n'est de reprendre les choses dès le commencement.

Voyons maintenant, dans un cas particulier, le rôle de la sensation et celui de la perception. Supposons que je sente un contact sur ma main : le contact produit, provoque en réponse une sensation ; la reconnaissance de l'objet qui a produit la sensation est une pensée. Lorsque je sens un attouchement, je sens, et il n'y a rien de plus à ajouter en ce qui concerne la simple sensation, mais quand, du sentiment je passe à l'objet qui l'a produit, je perçois cet objet et la perception est une pensée. Cette perception signifie que, comme sujet connaissant, je reconnais l'existence d'une relation entre moi-même et l'objet, en tant que celui-ci a déterminé en moi une certaine sensation. Ceci, cependant, n'est pas tout ce qui se produit. Car j'éprouve, en outre, d'autres sensations, de couleur, de forme, de douceur, de chaleur, de texture ; ces sensations sont reconnues par moi en tant que sujet connaissant et, aidé par le souvenir d'impressions analogues reçues antérieurement, c'est-à-dire en comparant d'anciennes images avec celle de l'objet qui touche ma main, — je me prononce sur la nature de cet objet.

Dans cette perception des choses qui éveillent en nous un sentiment, réside le germe de la pensée ; si nous exprimons cela dans le langage métaphysique ordinaire, nous dirons que la perception d'un Non-Moi, comme cause de certaines sensations du Moi, est le commencement de la connaissance. Le sentiment réduit à lui-même, si cela pouvait se rencontrer, serait impuissant à nous rendre conscients du Non-Moi ; il n'éveillerait qu'un sentiment de plaisir ou de peine dans le Moi, la conscience d'une expansion ou d'une contraction. Nulle évolution ultérieure ne serait possible, si l'homme n'était capable de rien de plus que de sentir; c'est seulement lorsqu'il reconnaît les objets comme étant des causes de plaisir et de peine, que l'éducation de l'homme commence. C'est sur le fait d'établir une relation consciente entre le Moi et le Non-Moi que repose l'évolution future tout entière et cette évolution se ramènera, en grande partie, à ce que ces relations deviendront de plus en plus nombreuses, de plus en plus compliquées, de plus en plus précises de la part du Moi connaissant. Chez celui-ci, le déploiement extérieur commence lorsque la conscience qui vient de s'éveiller, d'éprouver du plaisir ou de la peine, tourne son regard vers le monde extérieur et déclare : « Cet objet m'a donné du plaisir; celui-ci, de la peine. »

Un grand nombre de sensations doivent être éprouvées avant que le Moi réponde par un jugement extérieur. Il y a alors un tâtonnement obscur, confus, en vue de rencontrer le plaisir, provenant du désir, chez le Moi doué de volonté, d'éprouver une répétition du plaisir. Et c'est là un bon exemple du fait mentionné plus haut, qu'il n'existe ni pensée pure, ni sentiment pur; car le « désir d'une répétition du plaisir » implique que l'image du plaisir demeure dans la conscience, si faible y fût-elle et c'est là un fait de mémoire qui appartient à la pensée. Pendant longtemps, le Moi à demi-éveillé va à la dérive d'un objet à un autre, se heurtant au hasard contre le Non-Moi, sans qu'aucune direction soit donnée à ces mouvements par la conscience, éprouvant du plaisir et de la peine sans aucune perception de la cause de l'un ou de l'autre. C'est seulement lorsque ceci a duré longtemps, que la perception, mentionnée plus haut, devient possible et qu'une relation s'établit entre le sujet connaissant et l'objet connu.

CHAPITRE V

La Mémoire

Nature de la Mémoire

Lorsqu'une relation est établie entre un plaisir et un certain objet, alors s'éveille le désir précis d'obtenir à nouveau cet objet et par là de répéter le plaisir. Ou bien, s'il s'agit d'une liaison entre une peine et un certain objet, le désir précis qui s'éveille est celui d'éviter cet objet et d'échapper ainsi à la peine. En réponse à un stimulant, le corps mental reproduit aussitôt l'image de cet objet ; car, par suite de la loi générale en vertu de laquelle l'énergie se transmet dans la direction de la moindre résistance, la substance du corps mental prend, plus facilement que toute autre forme, celle qu'elle a souvent déjà revêtue ; cette tendance à reproduire les vibrations précédemment émises, sous l'action d'une énergie nouvelle, est due à Tamas, à l'inertie de la matière et constitue le germe de la Mémoire. Les molécules de matière qui ont été groupées ensemble se disjoignent lentement lorsque d'autres énergies agissent sur elles, mais elles conservent pendant un temps assez long la tendance à reprendre leurs positions réciproques ; si une impulsion pareille à celle qui les avait une première fois groupées, leur est imprimée, elles retombent bientôt dans leur ancienne position. En outre, lorsque le sujet connaissant a vibré d'une manière spéciale, ce *pouvoir de vibrer* subsiste en lui et dans le cas d'un objet qui a procuré du plaisir (ou de la peine), le désir d'avoir cet objet (ou de l'éviter), met en liberté ledit pouvoir, le pousse au dehors, — si l'on peut ainsi parler — et fournit ainsi le stimulant nécessaire au corps mental.

L'image ainsi produite est reconnue par le

sujet connaissant et dans l'un des deux cas l'attraction causée par le plaisir lui fait reproduire aussi l'image de ce plaisir. Dans l'autre cas, la répulsion causée par la douleur ramène l'image de cette douleur. L'objet et le plaisir, — ou l'objet et la peine — sont associés dans l'expérience et quand se produit la série de vibrations qui composent l'image de l'objet, celle qui constitue le plaisir — ou la peine — surgit aussi, de sorte que le plaisir, ou la peine, est éprouvé à nouveau, *en l'absence de l'objet*. C'est là la mémoire sous sa forme la plus simple : une vibration spontanée, de même nature que celle qui a causé le plaisir — ou la peine — et causant à nouveau le même sentiment. Cesimages sont moins fortes et, par suite, paraissent au sujet connaissant moins vives et moins réelles que celles causées par le contact d'un objet extérieur, les lourdes vibrations physiques conférant une grande énergie aux images mentales et à celles du désir; mais, au fond, les vibrations sont identiques et la mémoire est la reproduction que fait, dans la matière mentale, le sujet connaissant, des objets avec lesquels il s'est déjà trouvé en contact. Cette reproduction peut être — et elle est — répétée mainte et mainte fois, dans une matière de plus en plus subtile, indépendamment de tout sujet connaissant particulier : la totalité de ces reproductions forme le contenu partiel de la mémoire du Logos, Maître de l'Univers. Ces images d'images peuvent être obtenues par n'importe quel sujet connaissant particulier, dans la mesure où il a développé en lui le « pouvoir de vibrer » dont nous avons parlé antérieurement. De même que, dans la télégraphie sans fil, une série de vibrations composant un message peut être enregistrée par n'importe quel récepteur convenable — c'est-à-dire par tout récepteur capable de reproduire ces vibrations, — de même, un pouvoir de vibration latent, chez un sujet connaissant, peut être mis en activité par une vibration analogue, dans les images cosmiques. Celles-ci, sur le plan âkâshique, constituent les « annales âkâshiques » dont il est souvent parlé dans la littérature théosophique et elles demeurent à travers toute la vie du système.

La mauvaise Mémoire.

Si nous voulons comprendre ce qui constitue la « mauvaise mémoire », il nous faut examiner les processus mentals nécessaires à la production de ce qu'on appelle la mémoire. Bien que, dans la plupart des livres de psychologie, on parle dela mémoire comme d'une faculté mentale, il n'existe pas, en réalité, de faculté spéciale à laquelle ce nom puisse être donné. La persistance d'une image mentale n'est due à aucune faculté spéciale, mais dépend de la *qualité* générale du mental ; dans un mental faible, la persistance est faible, comme tout le reste et, — semblable à une substance trop fluide pour conserver la forme du moule dans lequel elle a été versée — l'image perd vite la forme qu'elte avait prise. Là où le corps mental est faiblement organisé, où il n'est qu'un agrégat distendu de molécules de matière mentale, une masse nuageuse sans grande cohérence — la mémoire sera certainement très faible. Mais cette faiblesse est générale, non spéciale ; elle s'applique au mental tout entier et est due au stade peu élevé de son évolution.

Lorsque le corps mental s'organise et que les puissances du Jîva opèrent en lui, on rencontre souvent encore ce qu'on appelle une « mauvaise mémoire ». Mais si l'on observe cette « mauvaise mémoire », on constate qu'elle n'est pas fautive de tous points, qu'il y a des choses qui sont exactement remémorées et que le mental retient sans effort. Si nous examinons alors ces choses, nous découvrons qu'elles intéressent vivement l'esprit, en un mot que les choses qui plaisent beaucoup ne sont pas oubliées. J'ai connu une femme qui se plaignait de sa mauvaise mémoire en ce qui concernait ce qu'elle étudiait — mais en même temps j'ai observé en elle une mémoire qui retenait très bien les détails d'une toilette qu'elle avait admirée. Le corps mental de cette femme, à tout prendre, était loin de présenter aucune insuffisance de mémoire et lorsqu'elle observait les choses avec soin et attention, de façon qu'une image mentale claire se produisît, cette image persistait pendant une durée normale. Ceci nous est une clef pour comprendre la « mauvaise mémoire ».

Elle est due à un manque d'attention, à un manque de précision dans l'observation et, par suite, à une confusion dans la pensée. La pensée confuse, c'est l'impression inexacte produite par l'observation distraite et le manque d'attention, tandis que la pensée claire est l'impression nette due à l'attention appliquée et concentrée, à l'observation précise. Nous ne nous rappelons pas les choses dont nous faisons peu de cas, mais nous nous souvenons bien de celles qui nous intéressent vivement.

Comment conviendrait-il donc de traiter une « mauvaise mémoire » ?

Tout d'abord il faudrait noter les choses pour lesquelles elle est mauvaise et celles qu'elle retient bien, afin de pouvoir apprécier l'aptitude générale à retenir. Puis il faudrait examiner minutieusement les choses pour lesquelles la mémoire est mauvaise, afin de voir si elles valent d'être retenues, ou si ce sont choses dont nous n'avons cure. Si nous constatons que ce sont choses de peu d'intérêt pour nous, mais dont à nos meilleurs moments nous sentons devoir nous soucier, notre devoir est de nous dire : « Je veux y faire attention, je veux observer ces choses très exactement, je veux y penser soigneusement et obstinément. » En faisant cela, nous constaterons que notre mémoire progresse. Car, ainsi que nous l'avons dit, la mémoire dépend, en fait, de l'attention, de l'exacte observation et de la clarté de la pensée ; pour fixer l'attention, le facteur de l'attraction est important, mais s'il fait défaut, la volonté doit prendre sa place.

Or c'est précisément ici que s'élève une difficulté très précise et très généralement sentie. Comment « la volonté » peut-elle prendre la place de l'attraction ? Qu'est-ce qui mettra la volonté elle-même en branle ? L'attraction soulève le désir et le désir, à son tour, détermine le mouvement vers l'objet attrayant. Mais, dans le cas supposé, le désir fait défaut. Comment cette absence sera-t-elle compensée par la volonté ? La volonté est la force qui amène l'action, lorsque cette force est déterminée dans sa direction par la raison réfléchie, et non par l'attraction des objets extérieurs. Lorsque l'impulsion à l'acte, ce que j'ai souvent appelé l'énergie d'expansion du Moi, est produite par les objets extérieurs, est *attirée*, nous appelons l'impulsion, désir ; lorsqu'elle vient de la raison pure, lorsqu'elle est *émise*, nous l'appelons : volonté. Ce qui, alors, est nécessaire, en l'absence de toute attraction du dehors, c'est une illumination du dedans, et le motif doit être fourni à la volonté par un examen intellectuel de la situation, par un exercice du jugement en quête du souverain bien, but de tous les efforts. Ce que la Raison choisit comme le moyen contribuant le plus au bien du Moi, sert de motif à la volonté. Et lorsqu'on a procédé ainsi une fois, par une méthode précise, même dans les moments de lassitude, de faiblesse qui pourraient ensuite survenir, le souvenir de l'enchaînement de pensées qui a amené précédemment le choix stimule encore la volonté. Ce moyen, délibérément choisi, peut, dès lors, devenir attrayant, c'est-à-dire l'objet d'un désir, si l'on applique l'imagination à se représenter les qualités agréables de ce moyen, les effets avantageux — productifs de bonheur — qui résultent de son emploi. Et comme celui qui veut un objet veut en même temps les moyens de l'obtenir, nous devenons capables de surmonter notre répulsion naturelle pour l'effort et la discipline désagréable, par l'exercice ainsi motivé de la volonté. Dans le cas que nous avons considéré, ayant établi que certains objets sont éminemment désirables parce qu'ils conduisent à un bonheur prolongé, nous mettons en œuvre notre volonté et lui faisons déployer l'activité qui nous conduira à l'obtention de ce bonheur.

Dans la culture de la faculté d'observation, comme en toute chose, un peu d'exercice répété quotidiennement est beaucoup plus efficace qu'un grand effort suivi d'une période d'inaction. Nous devrions nous imposer chaque jour la petite tâche d'observer avec soin une chose quelconque, nous la figurant en esprit *dans tous ses détails*, maintenant notre esprit fixé sur elle pendant un certain temps de même que l'œil physique peut se fixer sur un objet. Le jour suivant, nous évoquerions l'image, la reproduirions aussi exactement que possible et la comparerions ensuite à l'objet, en observant nos inexactitudes. Si nous consacrions cinq minutes par jour à cet exercice, tour à tour observant un objet et nous le figurant en notre mental, évoquant l'image telle qu'elle était le jour précédent et la comparant à l'objet, nous pourrions « améliorer notre mémoire » très rapidement et nous améliorerions à coup sûr notre faculté d'observation, d'attention, d'imagination, de concentration ; en somme, nous façonnerions le corps mental et le rendrions apte, bien plus rapidement que ne le fait la nature quand on ne l'aide pas, à remplir ses fonctions avec succès et utilité. Nul ne se soumet à un exercice comme celui-ci sans en ressentir les effets ; et celui qui essaie a bientôt la satisfaction de savoir que ses facultés mentales ont progressé et sont bien mieux soumises au contrôle de la volonté.

Les procédés artificiels en vue d'améliorer la mémoire présentent les choses à l'esprit sous une forme attrayante, ou associent à cette forme les choses qui doivent être remémorées. Une personne qui visualise (1) aisément aide sa mauvaise mémoire en construisant un tableau et associe à certains points de ce tableau les choses dont elle désire se souvenir ; l'évocation du tableau ramène ainsi les choses qu'il s'agissait de se rappeler.

(1) C'est-à-dire *qui imagine*, en donnant à ce mot son sens étymologique.

(N. D. E.)

D'autres personnes, chez qui l'ouïe prédomine, se souviennent, grâce à la sonorité des rimes et enchâssent, par exemple, une série de dates ou autres faits peu attrayants, en des vers qui « se gravent dans l'esprit ». Mais la méthode rationnelle, exposée plus haut en détail, est bien supérieure à tous ces moyens; par son usage le corps mental est mieux façonné et devient plus cohérent dans ses matériaux.

La mémoire et la prévision.

Retournons à notre Moi connaissant qui n'est pas encore développé.

Lorsque la mémoire commence à fonctionner, la prévision la suit bien vite, car la prévision n'est autre chose que la mémoire portée en avant. Quand celle-ci nous fournit la reproduction d'un plaisir éprouvé jadis, le désir cherche à saisir de nouveau l'objet qui a procuré le plaisir, et lorsqu'on se représente cette reproduction comme résultant de la découverte de l'objet dans le monde extérieur et du plaisir qui s'ensuivra, c'est alors qu'on a affaire à la prévision.

Le sujet connaissant s'arrête à considérer l'image de l'objet et celle du plaisir dans leurs relations l'une avec l'autre; s'il ajoute à cette contemplation le facteur du temps, du passé et du futur, elle peut prendre deux noms : *avec* l'idée du passé, cette contemplation est la mémoire, *avec* l'idée du futur, c'est la prévision.

A mesure que nous étudions ces images nous comprenons toute la portée de l'aphorisme de Patânjali d'après lequel, pour la pratique du Yoga, l'homme doit arrêter les « modifications du principe pensant ». Considéré du point de vue de la science occulte, tout contact avec le Non-Moi modifie le corps mental. Une partie de la substance dont est composé ce corps est réemployée comme copie ou image de l'objet extérieur. Lorsque des relations s'établissent entre ces images, nous avons la pensée, considérée du côté de la forme. Parallèlement à cela, des vibrations se produisent dans le sujet connaissant lui-même et ces modifications survenues au-dedans de lui constituent la pensée, considérée du côté de la vie. Il ne faut pas oublier que l'établissement de ces relations est l'œuvre propre du sujet connaissant, ce qu'il ajoute aux images par une addition qui transforme celles-ci en pensées. Les images, dans le corps mental, ressemblent beaucoup par leur caractère aux impressions produites sur une plaque sensible par les ondulations de l'éther, venues d'au-delà du spectre lumineux et qui agissent chimiquement sur les sels d'argent, modifient la disposition de la matière sur la plaque sensible, de sorte qu'il s'y forme des images des objets devant lesquels cette plaque a été exposée. De même, sur cette plaque sensible que nous appelons le corps mental, les matériaux sont modifiés dans leur disposition de manière à fournir une image des objets avec lesquels le sujet s'est trouvé en contact. Le sujet connaissant perçoit ces images par les vibrations qu'elles éveillent en lui, il les étudie et au bout d'un certain temps commence à les organiser, à les modifier par les vibrations qu'à son tour il émet vers elles. En vertu de la loi dont il a déjà été parlé, cette énergie suit la ligne de moindre résistance ; le sujet connaissant façonne et refaçonne les mêmes images, il crée des images d'images ; tant qu'il se borne à cette simple reproduction, avec l'addition du temps, comme seul facteur, nous avons, ainsi qu'il a déjà été dit, la mémoire et la prévision.

La pensée concrète n'est, après tout, que la répétition, dans une matière plus subtile, des expériences quotidiennes, avec cette différence que le sujet connaissant peut en arrêter et changer la suite, les répéter, en accélérer ou ralentir le défilé, à sa guise. Il peut s'attarder à une image quelconque, méditer sur elle, s'y arrêter et il retrouvera ainsi, en réexaminant à loisir ses expériences passées, bien des choses qui lui avaient échappé au cours de ces expériences, lié qu'il était à la roue du temps qui tourne sans hâte comme sans trêve. Dans son propre domaine il peut faire, selon son désir, que le temps s'écoule plus ou moins vite, ainsi que fait le Logos pour ses mondes ; mais il ne peut pas échapper à ce qui est l'essence du temps, la succession, tant qu'il n'a pas atteint la conscience du Logos, en se libérant des entraves de la matière ; et même alors il ne le peut qu'en ce qui touche au système dont il fait partie.

CHAPITRE VI

Le développement de la pensée.
L'observation et sa valeur.

La première condition requise pour penser d'une façon convenable, c'est une attentive et exacte observation. Le Moi, en tant que sujet connaissant, doit observer le Non-Moi avec attention et exactitude puisque celui-ci doit devenir le connu et se fondre ainsi dans le Moi.

La seconde condition requise, c'est la réceptivité et la ténacité du corps mental, le pouvoir de céder rapidement aux impressions et de les retenir après qu'elles se sont produites.

C'est en proportion de l'attention et de

l'exactitude d'observation du sujet connaissant, — de la réceptivité et de la ténacité de son corps mental — que son évolution sera plus rapide, que ses facultés latentes deviendront plus vite des puissances actives.

Si le sujet connaissant n'a pas exactement observé l'image mentale, ou si le corps mental, non développé, a été insensible à toutes les vibrations d'un objet extérieur, sauf aux plus fortes, s'il a été par suite modifié de manière à ne fournir qu'une reproduction imparfaite, les matériaux de la pensée sont inexacts et erronés. Le contour général est seul obtenu tout d'abord, les détails étant obscurcis ou même omis. A mesure que nous développons nos facultés et que nous édifions notre corps mental à l'aide d'une substance plus fine, nous constatons que le même objet extérieur nous fournit beaucoup plus qu'au temps où notre développement n'était pas effectué. Nous trouvons ainsi beaucoup plus de choses dans un objet que nous n'en trouvions auparavant.

Supposons deux hommes au milieu d'un champ, en présence d'un splendide coucher de soleil. Supposons que l'un d'eux soit un laboureur dont les facultés ne sont aucunement développées, qui n'a pas l'habitude d'observer la nature, si ce n'est au point de vue des récoltes, qui n'a regardé le ciel que pour voir s'il annonçait la pluie ou le soleil, ne se souciant en rien de son aspect, si ce n'est en tant qu'il est favorable aux moyens de subsistance et au genre de vie du laboureur. Supposons que le second soit un artiste, un peintre de talent, tout à l'amour de la beauté, ayant appris à voir et à goûter les nuances et les tons de la lumière. Chez le laboureur, les corps physique, astral et mental sont tous trois en présence de ce splendide coucher de soleil et toutes les vibrations qu'il produit agissent sur les véhicules de la conscience du spectateur; celui-ci aperçoit au ciel différentes couleurs, il remarque qu'il y a beaucoup de rouge, ce qui promet une belle journée pour le lendemain, ce qui est bon ou mauvais pour les récoltes, suivant les cas. C'est tout ce que notre laboureur retire du spectacle. Chez le peintre, les corps physique, astral et mental sont tous trois exposés exactement aux mêmes vibrations, mais combien le résultat diffère! La fine substance des corps de ce peintre reproduit un million de vibrations trop rapides et trop subtiles pour ébranler la grossière étoffe de l'autre. En conséquence, notre peintre aura du coucher de soleil une image absolument différente de celle qu'en a le laboureur. Les teintes délicates de la couleur, une nuance se fondant dans une autre, un bleu et un rose transparents, le vert le plus pâle éclairé de rayons dorés et tacheté d'une pourpre royale : — tout cela est goûté par le spectateur artiste avec une joie à laquelle il s'attarde, dans une extase de ravissement sensuel ; toutes les émotions délicates sont éveillées, l'amour et l'admiration se changent insensiblement en vénération et en joie de ce qu'une telle beauté soit ; des idées naissent, fécondes en inspiration, à mesure que le corps mental se modifie sous l'action des vibrations éprouvées sur le plan mental et produites par l'aspect mental du soleil couchant. La différence des images n'est pas due à une cause externe, mais à une réceptivité interne. Elle ne vient pas du dehors mais de l'aptitude à répondre du dedans. Elle ne réside pas dans le Non-Moi, mais dans le Moi et ses enveloppes. Le résultat produit est conforme à cette différence ; comme il est maigre dans l'un des cas ; comme il est riche dans l'autre!

Nous voyons ici avec une force saisissante, la portée de l'évolution du sujet connaissant. Un univers de beauté peut nous envelopper, ses émanations peuvent agir sur nous de toutes parts et cependant il peut être pour nous non-existant. Tout ce qui est contenu dans le mental du Logos de notre système agit actuellement sur nous et sur nos corps. Ce que nous en pouvons recevoir marque le stade de notre évolution. Ce qui est nécessaire à notre développement n'est pas un changement qui s'accomplirait indépendamment de nous, mais un changement opéré en nous. Toutes choses nous sont déjà données, mais il nous reste à développer la capacité d'utilisation.

Il ressort de ce que nous venons de dire qu'un des éléments de la pensée claire est l'observation exacte. Nous devons commencer à nous y appliquer dès le plan physique, où nos corps sont en contact avec le Non-Moi. Nous franchissons les échelons *en montant* et toute évolution commence sur le plan inférieur pour passer au plan supérieur ; sur le premier, nous prenons d'abord contact avec le monde extérieur et de là, les vibrations montent — ou se dirigent vers le dedans — éveillant les puissances intérieures.

L'observation exacte est donc une faculté qu'il faut cultiver d'une manière précise. La plupart des gens traversent le monde, les yeux à demi-fermés et nous pouvons tous vérifier cela sur nous-mêmes en nous interrogeant sur ce que nous avons remarqué en passant le long d'une rue. Nous pouvons nous demander : « Qu'ai-je remarqué en descendant cette rue ? » Un grand nombre de personnes n'auront à peu près rien observé, aucune image claire ne se sera formée dans leur mental. D'autres auront observé une faible quantité de choses ; d'autres en auront observé beaucoup. Houdin (1) raconte qu'il avait habitué son fils à observer le contenu des boutiques devant lesquelles il passait, lorsqu'il traversait les rues de Londres — jusqu'à ce que l'enfant pût lui énumérer tout le contenu d'une devanture devant laquelle il avait passé sans s'arrêter, après n'y avoir jeté qu'un simple regard. L'enfant normal et le sauvage sont tous deux

(1) Probablement Robert-Houdin le célèbre prestidigitateur. (N. D. E.)

observateurs et c'est leur capacité d'observation qui donne la mesure de leur intelligence. L'habitude de l'observation claire et rapide constitue, chez l'homme moyen, la racine de la pensée claire. Ceux chez qui l'on constate la plus grande confusion dans la pensée sont, en général, ceux qui observent avec le moins d'exactitude, — excepté le cas où l'intelligence est hautement développée, mais dirigée vers le dedans et où les trois corps n'ont pas été exercés de la manière dont nous avons parlé.

La réponse à la question posée plus haut pourra être ceci : « Je pensais à autre chose et c'est pourquoi je n'ai pas observé. » Et cette réponse sera bonne, si celui qui la fait pensait à quelque chose de plus important que l'exercice du corps mental et que la puissance où atteint l'attention par une observation minutieuse. Dans ce cas, un homme peut avoir eu raison dans son défaut d'observation ; mais s'il n'a fait que rêver, laissant aller sa pensée à la dérive, sans but — il a alors gaspillé son temps bien plus que s'il avait dirigé ailleurs son énergie.

Un homme profondément plongé dans une pensée n'observera pas les objets devant lesquels il passera, son regard sera tourné vers le dedans et non vers le dehors et il ne prêtera aucune attention à ce qui se produira sous ses yeux. Il se peut qu'il juge indigne de lui, en cette vie, de dresser ses trois corps à faire des observations presque isolées, car l'individu hautement développé et celui qui ne l'est que partiellement ont besoin d'exercices différents.

Mais combien de personnes, parmi celles qui n'observent pas, sont réellement « plongées profondément dans une pensée ? » Dans l'esprit de la plupart, ce qui a lieu est une nonchalante contemplation de la moindre pensée-image qui se présente, un étalage du contenu du mental, sans but, à la façon dont une femme désœuvrée étale le contenu de ses armoires à robes ou de sa boîte à bijoux. Ce n'est pas là penser, car penser, nous l'avons vu, signifie établir des relations, ajouter quelque chose qui n'existait pas encore. Dans l'acte de penser, l'attention du sujet connaissant est intentionnellement dirigée sur les pensées-images et s'exerce activement sur elles.

Le développement de l'habitude d'observer fait donc partie de l'éducation du mental et ceux qui la pratiquent trouveront que le mental devient plus clair, augmente en puissance et se laisse gouverner plus aisément, de sorte qu'ils pourront le diriger vers n'importe quel objet donné, bien mieux qu'ils n'avaient pu le faire auparavant. Dès lors cette puissance d'observation, une fois établie définitivement, travaille par un procédé automatique, le corps mental et les autres enregistrant des images qui se retrouveront avec profit plus tard, s'il en est besoin, sans réclamer à ce moment l'attention du sujet. Il n'est, alors, plus nécessaire que l'attention de la personne soit dirigée sur les objets présentés aux organes des sens, pour qu'une impression de ces objets se produise et se conserve. Un exemple banal mais significatif m'est fourni par ma propre expérience. Pendant mon voyage en Amérique, la question fut un jour soulevée de savoir quel numéro portait la locomotive d'un train que nous avions pris. Mon mental me présenta immédiatement ce numéro, mais ce n'était là, en rien, un cas de clairvoyance. Pour qu'il y ait eu perception clairvoyante, il eût été nécessaire d'avoir couru après le train et regardé son numéro. Sans aucun acte conscient de ma part, mes organes des sens et mon mental avaient observé et enregistré le numéro lorsque le train était arrivé à la station, et lorsqu'il avait été nécessaire de retrouver ce numéro, l'image mentale du train arrivant, avec un numéro sur le devant de la machine, avait surgi tout à coup. Cette faculté, une fois acquise, est des plus utiles, car grâce à elle certaines choses qui se sont passées autour de nous sans avoir attiré notre attention, peuvent néanmoins être retrouvées par nous, si nous examinons les traces qu'en ont enregistrées, pour leur propre compte, les corps mental, astral et physique.

Cette activité automatique du corps mental, distincte de l'activité consciente du Jîva, a chez nous tous une extension beaucoup plus grande qu'on ne pourrait le supposer ; car on a constaté que lorsqu'une personne est hypnotisée, elle raconte un certain nombre de petits événements qui s'étaient produits sans éveiller son attention. Ces impressions gagnent le corps mental à travers le cerveau et s'inscrivent sur celui-ci aussi bien que sur celui-là. De nombreuses impressions gagnent ainsi le corps mental, qui ne sont pas assez profondes pour pénétrer dans la conscience — non pas que celle-ci ne puisse les connaître, mais parce qu'à l'état normal elle n'est pas assez en éveil pour retenir autre chose que les impressions très profondes. Dans l'hypnose, le délire, dans les rêves, lorsque le Jîva s'est retiré, le cerveau abandonne ces impressions qui, d'ordinaire, sont dominées par celles, beaucoup plus fortes, que reçoit et que produit le Jîva ; mais si le mental est habitué à observer et à enregistrer, le Jîva peut à volonté lui faire reproduire les impressions produites de la sorte.

Ainsi, si deux personnes descendent une rue, dont l'une soit habituée à observer et l'autre pas, toutes deux recevront un certain nombre d'impressions, et il se pourra qu'aucune n'en ait alors conscience ; mais plus tard, la personne habituée à observer sera en état de retrouver ces impressions, tandis que l'autre ne pourra pas. Comme cette faculté fait la base de la pensée claire, ceux qui désirent cultiver et diriger la puissance de la pensée, feront bien de développer en eux l'habitude d'observer et de renoncer au plaisir de se laisser nonchalamment entraîner partout où le courant de l'imagination pourra les conduire.

L'évolution des facultés mentales.

A mesure que les images s'accumulent, la tâche du sujet connaissant se complique et par l'action qu'il exerce sur elles, il met en œuvre, l'une après l'autre, chacune des facultés inhérentes à sa nature divine. Il se refuse à n'accepter le monde extérieur que dans ses simples relations avec lui-même, comme le contenant des objets qui sont pour lui des causes de plaisir ou de peine ; mais, au contraire, le sujet dispose l'une à côté de l'autre les images représentant ces objets, il les étudie sous leurs divers aspects, les transforme entièrement et les considère à nouveau. Il commence aussi à classer ses propres observations. Il remarque, lorsqu'une image en évoque une autre, l'ordre de leur succession. Lorsque la seconde a suivi la première un grand nombre de fois, il commence à s'attendre à la seconde lorsqu'apparaît la première et relie ainsi l'une à l'autre. C'est là son premier essai de raisonnement et ici encore nous sommes en présence d'un appel fait à une faculté inhérente. Il fait ce raisonnement que, puisque A et B sont toujours apparus successivement, *donc* lorsque A apparaît, B doit apparaître ensuite. Cette anticipation étant sans cesse vérifiée, le sujet en vient à rattacher les deux événements l'un à l'autre, comme la « cause » à « l'effet » et beaucoup de ses premières erreurs sont dues à ce qu'il établit trop vite cette relation causale. Ensuite, plaçant les images côte à côte, il observe leurs ressemblances et leurs dissemblances et il développe sa faculté de comparer. Il choisit l'une ou l'autre parce qu'elle lui procure du plaisir et pour la chercher dans le monde extérieur, il met son corps en mouvement, développant son jugement par ces sélections et leurs conséquences. Il forme ainsi en lui le sentiment de la proportion par rapport à la ressemblance et à la différence, et il groupe les objets ensemble d'après leur ressemblance dominante, les séparant des autres en raison de leur différence principale ; ici encore, le sujet commet bien des erreurs — qu'il corrigera par des observations ultérieures — étant aisément trompé, tout d'abord, par des similitudes superficielles.

Ainsi l'observation, le discernement, la

raison, la comparaison, le jugement se forment l'un après l'autre et ces facultés grandissent par l'exercice ; de la sorte, l'aspect du Moi qui est celui de sujet connaissant, se développe par l'activité des pensées, par l'action et la réaction sans cesse répétées du Moi sur le Non-Moi.

Pour hâter l'évolution de ces facultés, nous devons les exercer consciemment et délibérément, nous servant des circonstances de la vie quotidienne comme d'occasions pour les développer. De même que nous avons vu la puissance d'observation susceptible d'être développée dans la vie journalière, de même nous pouvons nous habituer à apercevoir les points de ressemblance et de dissemblance des objets qui nous entourent, nous pouvons tirer des conclusions et en éprouver la valeur par les événements, nous pouvons comparer et juger, tout cela consciemment et de propos délibéré. La puissance de la pensée se développe vite par cet exercice volontaire, elle devient une chose consciemment maniée et éprouvée comme une possession définie.

L'éducation du mental.

Cultiver le mental dans telle direction particulière c'est, en quelque mesure, l'exercer d'une façon générale, car tout mode précis de culture influe sur l'organisation de la matière mentale dont le corps mental est composé et éveille, en même temps, quelques-unes des facultés du Sujet connaissant. La qualité développée peut être dirigée vers n'importe quel but et est utile à quelque fin qu'on l'emploie. Un mental exercé pourra s'appliquer à un sujet nouveau, il le maniera et s'en rendra maître, alors que ce sera chose impossible à un mental non exercé : c'est là ce qui fait l'importance de l'éducation.

Cependant il ne faut jamais oublier que l'éducation du mental ne consiste pas à le bourrer de faits mais à dégager ses facultés latentes. On ne développe pas le mental en le gorgeant des pensées d'autrui, mais en exerçant ses propres facultés. On dit des grands Maîtres qui sont à la tête de l'évolution humaine qu'Ils connaissent tout ce qui existe sous le soleil. Cela ne veut pas dire que tous les faits qui s'y

BIBLIOTHÈQUE NATIONALE R.F. IMPRIMÉS

déroulent sont sans cesse présents à Leur conscience, mais plutôt que ces Maîtres ont si bien développé en Eux l'aspect de la connaissance que lorsqu'Ils dirigent Leur attention dans une direction quelconque, Ils connaissent l'objet vers lequel Ils se sont tournés. C'est là quelque chose de bien supérieur à l'emmagasinage dans le mental d'un certain nombre de faits — de même que voir tous les objets sur lesquels l'œil peut se porter est quelque chose de bien supérieur au fait d'être aveugle et de ne les connaître que par la description d'autrui. Le développement du mental se mesure, non à la quantité d'images qu'il contient, mais au degré où atteint chez lui la connaissance, le pouvoir de reproduire au dedans de lui un objet quelconque qui lui est présenté. Cette propriété sera aussi utile dans tout autre univers que dans celui-ci et une fois acquise elle est nôtre, où que nous puissions être.

L'association avec les supérieurs.

Mais cette œuvre d'éducation du mental peut être grandement facilitée par le contact avec des êtres dont l'évolution est plus avancée que la nôtre. Un penseur plus vigoureux que nous peut nous aider matériellement, car il émet des vibrations d'un ordre plus élevé que celles que nous pouvons créer. Un morceau de fer posé à terre ne peut pas émettre de vibrations de chaleur pour son propre compte ; mais s'il est, par hasard, placé près du feu, il pourra répondre aux vibrations de chaleur du feu et, de la sorte, s'échauffer. Lorsque nous sommes placés auprès d'un penseur vigoureux, ses vibrations agissent sur notre corps mental et produisent en lui des vibrations correspondantes, de sorte que nous vibrons sympathiquement avec lui. Momentanément, nous sentons que notre puissance mentale est accrue et que nous sommes en état de saisir des idées qui, d'ordinaire, nous échappent. Mais quand nous nous retrouvons seuls, nous constatons que ces idées sont devenues obscures et confuses.

Certaines personnes écouteront une conférence, la suivront intelligemment, comprenant fort bien, au moment même, la doctrine exposée. Ces personnes sortiront satisfaites, sentant qu'elles ont réalisé un gain réel de connaissance. Le jour suivant, désireuses de partager avec un ami ce qu'elles ont gagné, elles seront très mortifiées de voir qu'elles ne peuvent pas réexposer les idées qui semblaient si claires et si lumineuses. A maintes reprises, elles s'écrieront, impatientées : « Je suis sûr que je le sais ; je l'ai là, si seulement je pouvais le tenir ! » Ce sentiment provient du souvenir des vibrations éprouvées à la fois par le corps mental et le Jîva ; ce qui subsiste, c'est la conscience d'avoir saisi les idées, la mémoire des formes revêtues et le sentiment que, s'étant produites, la reproduction en sera facile. Mais le jour précédent, c'étaient les vibrations supérieures du penseur plus vigoureux qui avaient imposé les formes prises par le corps mental ; elles avaient été tracées du dehors, non du dedans. Le sentiment d'impuissance éprouvé lors de la tentative faite pour les reproduire, indique qu'elles doivent subir plusieurs fois ce modelage, avant d'avoir la force suffisante pour se reproduire par des vibrations émises du dedans. Le Sujet connaissant doit avoir vibré plusieurs fois selon ce mode supérieur, avant de pouvoir reproduire à volonté ces vibrations. En vertu de la nature propre qui lui est inhérente, il peut développer en lui la faculté de les reproduire, après qu'il a été amené, à diverses reprises, à répondre au contact extérieur. Le pouvoir est le même chez les deux Sujets connaissants, mais il a été développé par l'un, tandis qu'il est resté latent chez l'autre. Ce pouvoir est tiré de l'état latent par le contact d'un pouvoir analogue, déjà en activité, si bien que le plus fort hâte l'évolution du plus faible.

C'est en cela que consiste l'un des avantages de l'association avec des personnes plus avancées que nous. Nous profitons à leur contact et nous progressons sous leur influence stimulante. Un véritable Instructeur aidera, par conséquent, beaucoup plus ses disciples en les ayant toujours auprès de lui qu'en leur adressant n'importe quelles paroles.

Pour cette influence, le contact personnel immédiat constitue le moyen le plus effectif. Mais à défaut, ou en plus de cela, on peut obtenir beaucoup aussi par les livres, s'ils sont sagement choisis. En lisant l'œuvre d'un écrivain vraiment grand, nous devrions nous efforcer de nous mettre momentanément dans une disposition négative ou réceptive, de manière à recueillir le plus possible de ses vibrations-pensées. Après avoir lu les phrases, nous devrions nous y arrêter, en peser le sens, nous efforcer d'atteindre et de sentir l'idée qu'elles n'expriment que partiellement, en dégager les affinités secrètes. Notre attention devrait être concentrée de manière à pénétrer la pensée de l'auteur sous le voile de ses paroles. Lire ainsi sert à notre éducation et accélère notre évolution mentale. Une lecture faite avec moins de zèle pourra nous servir d'agréable passe-temps, meubler notre esprit de faits importants et nous être ainsi, d'une manière indirecte, profitable. Mais une lecture, dans les conditions que nous avons dites, stimule notre évolution et ne devrait pas être négligée par ceux qui cherchent à progresser afin de pouvoir servir au progrès d'autrui.

CHAPITRE VII

La Concentration.

Peu de choses mesurent mieux les aptitudes de l'étudiant qui commence l'éducation de son mental, que la concentration. Aux premiers stades de l'activité du mental, le progrès dépend de la rapidité de la concentration, de sa promptitude, de son aptitude à recevoir le choc des sensations l'une après l'autre, c'est-à-dire à diriger vivement l'attention de l'une à l'autre. A ce stade, la mobilité est une qualité des plus précieuses et l'attention constamment tournée vers le dehors est une condition de progrès. Tant que le mental rassemble des matériaux pour la pensée, l'extrême mobilité est un avantage, et au cours d'existences très, très nombreuses, le mental se développe par cette mobilité et l'accroît encore par l'exercice. L'arrêt brusque de cette habitude de s'élancer vers le dehors dans toutes les directions, l'obligation, imposée à l'attention, de se fixer sur un seul point, ce changement amène naturellement une lutte, un choc, et le mental s'élance, impétueux, comme un cheval non dressé, la première fois qu'il sent le mors.

Nous avons vu que le corps mental figurait les images des objets vers lesquels l'attention se dirigeait. Patânjali parle d'arrêter les modifications du principe pensant, c'est-à-dire d'arrêter ces reproductions toujours changeantes du monde extérieur. Arrêter les modifications toujours changeantes du corps mental et le maintenir dans une condition où il figure une image fixe : c'est là la concentration, en ce qui concerne la forme; diriger obstinément l'attention vers cette forme, de façon à la reproduire parfaitement en soi : c'est là la concentration, en ce qui concerne le Sujet connaissant.

Dans la concentration, la conscience est

maintenue sur une seule image; l'attention tout entière du Sujet connaissant est fixée sur un seul point, sans osciller ni chanceler. Le mental — qui s'élance sans cesse d'une chose à une autre, attiré par les objets extérieurs et les figurant l'un après l'autre dans une succession rapide — est réprimé, contenu, et forcé par la volonté de s'arrêter sur une forme, de ne figurer qu'une seule image, en négligeant toutes les impressions qui viennent le solliciter.

Or, lorsque le mental est ainsi maintenu dans la reproduction d'une image unique, que le Sujet connaissant contemple obstinément, celui-ci obtient, de l'objet, une connaissance bien plus complète qu'il ne pourrait le faire au moyen de n'importe quelle description verbale. L'idée que nous nous faisons d'un tableau, d'un paysage, est bien plus exacte lorsque nous avons vu la chose, que lorsque nous en avons simplement lu ou entendu la description. Et si nous nous concentrons sur cette description, la scène est figurée dans le corps mental et nous en obtenons une connaissance bien plus complète que nous ne l'aurions eue par la simple lecture. Les mots sont les symboles des choses et la concentration sur le contour général d'une chose, dessiné par un mot qui la décrit, complète les détails l'un après l'autre, car la conscience est mise plus étroitement en contact avec l'objet décrit.

On ne devra pas oublier que la concentration n'est pas un état passif mais, au contraire, un état d'activité intense et réglée. C'est une condition qui, dans le monde mental, ressemble à la contraction des muscles au moment d'un saut, dans le monde physique, ou à leur tension en vue d'affronter un effort prolongé. De fait, cette tension se manifeste toujours, chez les commençants, par une tension physique correspondante et la fatigue physique suit l'exercice de la concentration — fatigue des muscles et non pas seulement du système nerveux. De même que si nous fixons obstinément notre œil sur un objet, il nous devient possible d'en distinguer les détails qui auraient échappé à un coup d'œil rapide — de même, la concentration nous permet d'observer les détails d'une idée. Et à mesure que nous augmentons l'intensité de cette concentration, nous relevons plus de choses pendant la même durée, de même qu'un individu, en courant, voit défiler plus d'objets que s'il marchait. Le marcheur dépensera exactement la même somme d'énergie musculaire pour passer devant vingt objets que celui qui court, mais l'émission plus rapide d'énergie correspond au minimum de temps employé.

Au début de la concentration, deux difficultés sont à surmonter. Tout d'abord il s'agit de repousser les impressions qui viennent sans cesse solliciter le mental. Il faut empêcher le corps mental de réagir à ces contacts et il faut surmonter la tendance à répondre aux impressions du dehors; mais ceci nécessite que l'attention soit en partie dirigée vers la résistance elle-même et lorsque la tendance à répondre a été vaincue, la résistance elle-même doit cesser; un équilibre parfait est nécessaire : ni résistance, ni absence de résistance, mais une ferme quiétude, assez forte pour que les ondes venues du dehors ne produisent aucun résultat, pas même celui, très secondaire, d'amener la conscience de quelque chose à quoi il faut résister.

En second lieu, le mental lui-même doit maintenir momentanément l'image de l'objet de la concentration; il doit non seulement refuser de se modifier en réponse aux chocs venus du dehors, mais il doit, en outre, suspendre son activité propre appliquée constamment à réorganiser le contenu du mental, à méditer à son sujet, à établir de nouveaux rapports, à découvrir des ressemblances et des différences cachées.

Le mental doit maintenant borner son attention à un seul objet, se fixer sur lui. Il ne suspend pas, bien entendu, son activité, mais il la dirige tout entière le long d'un seul canal. Lorsque l'eau coule sur une surface très étendue en comparaison de son volume, elle n'a qu'une faible force motrice. La même quantité d'eau dirigée le long d'un canal étroit, avec la même impulsion initiale, renversera un obstacle. De là la valeur de « l'unique direction », sur laquelle les maîtres de la méditation insistent sans cesse. Sans ajouter à la force du mental, sa force *effective* s'en trouve immensément accrue. La vapeur qu'on laisse se répandre dans l'air ne détourne pas un moucheron de sa route, mais dirigée dans un cylindre, la même vapeur ferait mouvoir un piston. Imposer cette tranquillité intérieure est chose encore plus difficile que de soustraire le mental aux chocs extérieurs, car cet exercice intéresse sa vie la plus profonde et la plus pleine. S'isoler du monde extérieur est chose plus aisée que d'établir la paix intérieure, car ce monde intérieur est plus étroitement identifié au Moi et, de fait, chez la plupart des gens, au stade actuel de l'évolution, c'est lui qui représente le « Moi ». Cependant, la simple tentative en vue de pacifier le mental réalise bientôt un pas en avant dans l'évolution de la conscience, car nous sentons bien vite que le gouverneur et le gouverné ne peuvent pas ne faire qu'un, et instinctivement nous nous identifions avec le gouverneur : « *Je* pacifie *mon* mental, » telle est l'expression de la conscience et l'on sent que le mental appartient au « Moi », qu'il est une possession de ce « Moi ».

Cette distinction s'accentue inconsciemment et l'étudiant se sent devenir conscient d'une dualité, de quelque chose qui contrôle et de quelque chose qui est contrôlé. Le mental inférieur, concret, est séparé de l'autre, le « Moi » est perçu comme ayant une puissance plus grande, une vision plus claire, et un sentiment se forme que ce « Moi » ne dépend ni du corps, ni du mental. C'est la première constatation, *ou sentiment*, dans la conscience, de la véritable nature immortelle, déjà reconnue intellectuellement; cette reconnaissance ayant, en fait, poussé à la concentration, qui se trouve ainsi récompensée. A mesure que l'exercice se prolonge, l'horizon s'élargit, mais toujours vers le dedans, non vers le dehors, vers le dedans continuellement et indéfiniment. La faculté de reconnaître la vérité à première vue se développe, mais elle ne se manifeste que quand le mental, avec ses lents procédés de raisonnement, est dépassé. [Le lecteur ne doit pas oublier que le « mental » est toujours employé ici, dans le sens du « mental inférieur », le corps mental joint à manas.] Car « je » est l'expression du Moi dont la nature est de connaître et à quelque moment qu'il se trouve en contact avec une vérité, il en reconnaît les vibrations exactes, qui sont ainsi susceptibles de produire en lui une image cohérente, tandis que les vibrations inexactes engendrent une image déformée mal proportionnée, qui révèle sa nature par son apparition même. A mesure que le mental occupe une position plus subordonnée, cette puissance de l'Ego affirme sa prédominance et l'intuition, — analogue à la vision directe du plan physique, — prend la place du raisonnement qu'on pourrait comparer au sens du tact, sur le plan physique. De fait, l'analogie est plus grande qu'au premier abord elle pourrait paraître. Car l'intuition sort du raisonnement, qu'elle prolonge de la même manière ininterrompue, et sans changement essentiel de nature, tout comme l'œil se développe à la suite du toucher. Il y a, certes, une grande différence de procédé; mais cela ne doit pas nous rendre aveugles à l'ordre régulier de l'évolution. L'intuition de l'être inintelligent est l'impulsion, née du désir et elle est inférieure, non supérieure au raisonnement.

Quand le mental est bien exercé à se concentrer sur un objet et qu'il sait conserver son unité de direction pendant un certain temps, la tâche suivante consiste à se détacher de l'objet et à maintenir le mental dans cette attitude fixement attentive, *sans que l'attention soit dirigée sur rien*. Dans cette condition, le corps mental ne présente aucune image; ses matériaux sont là, maintenus fermement et solidement, sans recevoir d'impressions, dans un calme parfait, semblable à un lac sans ride. C'est là un état qui ne saurait durer au delà d'un temps *très* court, de même que « l'état critique » des chimistes, le point de contact entre deux sous-états de matière reconnus et définis. Autrement dit, lorsque le corps mental est pacifié, la conscience s'en échappe pour atteindre et dépasser le « centre laya », point neutre de contact entre le corps mental et le corps causal ; le passage est accompagné d'un évanouissement momentané, d'une perte de conscience — résultat inévitable de la disparition des objets susceptibles d'être appréhendés par elle — suivie d'un état de conscience d'un ordre plus élevé. La disparition des objets de conscience appartenant aux mondes inférieurs est ainsi suivie par l'apparition d'objets de conscience d'un ordre plus élevé. L'Ego peut alors façonner le corps mental conformément à ses propres pensées, désormais élevées, et le pénétrer de ses propres vibrations. Il peut façonner ce corps d'après les hautes visions des plans situés au delà du sien propre et dont il a entrevu l'éclat dans les instants où il s'est lui-même élevé le plus haut ; de la sorte il peut faire descendre et répandre au dehors des idées auxquelles, sans cela, le corps mental serait incapable de répondre. Telles sont les inspirations du génie, qui se fondent sur le mental qu'elles illuminent d'une éblouissante lumière et qui éclairent un monde. L'homme qui les communique au monde pourrait à peine dire lui-même, lorsqu'il est dans son état mental ordinaire, comment elles lui sont venues; il sait seulement que par quelque étrange manière

... *la puissance qui vibre au dedans de mon être, c'est elle qui vit sur ma lèvre et fait signe avec ma main.*

La conscience est présente partout où il y a un objet auquel elle répond.

Dans le monde des formes, toute forme occupe un lieu défini et on ne peut pas dire qu'elle soit, — s'il m'est permis de m'exprimer ainsi, — en un lieu où elle n'est pas. C'est-à-dire qu'occupant une certaine position elle est plus rapprochée ou plus éloignée d'autres formes qui occupent, elles aussi, certaines positions par rapport à la première. Si elle avait à changer de place, il lui faudrait traverser l'espace intermédiaire ; la traversée pourrait se faire vivement ou lentement, elle pourrait être rapide comme l'éclair, ou progresser aussi paresseusement que la tortue : d'une manière ou de l'autre il faudrait qu'elle se fît et elle demanderait un certain temps, que ce soit peu ou beaucoup.

Mais, quand il s'agit de la conscience, l'espace n'existe pas en ce sens. La conscience change d'état, non de lieu, elle embrasse plus ou moins, connaît ou ignore ce qui n'est pas elle-même, les cas où elle peut, ou ne peut pas, répondre aux vibrations de ces non-moi. Son horizon s'élargit avec sa réceptivité, c'est-à-dire avec sa faculté de répondre, de reproduire les vibrations. En cela il n'est pas question de se déplacer, de traverser des espaces intermédiaires. L'espace appartient aux formes, qui s'affectent d'autant plus l'une l'autre qu'elles sont plus rapprochées l'une de l'autre, et leur action réciproque diminue à mesure que croît la distance de l'une à l'autre.

Tous les débutants qui ont réussi à atteindre

la concentration ont découvert à nouveau, pour leur propre compte, cette non-existence de l'espace du point de vue de la conscience. Un Adepte peut atteindre à la connaissance de n'importe quel objet contenu dans Ses limites propres en concentrant sur lui son attention, et la distance n'affecte en aucune manière cette concentration. L'Adepte devient conscient d'un objet, situé par exemple sur une autre planète, non pas parce que sa vision astrale agit à la manière d'un télescope, mais parce que, dans la région interne, l'univers tout entier existe représenté par un point ; un homme comme l'Adepte atteint le cœur même de la vie et il y voit toutes choses.

Il est écrit dans les Upanishads, qu'à l'intérieur du cœur il existe une petite chambre, au dedans de laquelle se trouve l' « éther intérieur » coextensif de l'espace ; c'est l'Atmâ, le Moi, qui est immortel, sur lequel la douleur est sans prise :

A l'intérieur de ce domaine résident le ciel et l'univers ; à l'intérieur de ce domaine se trouvent le feu et l'air, le soleil et la lune, la foudre et les étoiles, tout ce qui est et tout ce qui n'est pas en lui (dans l'univers) (1).

Cet « éther intérieur du cœur » est une ancienne expression mystique pour dépeindre la nature subtile du Moi, qui est bien vraiment un et partout répandu, de telle sorte que quiconque est conscient dans le Moi est conscient sur tous les points de l'univers. La science déclare que le mouvement d'un corps ici-bas affecte l'étoile la plus éloignée, parce que tous les corps sont plongés dans l'éther, qu'ils sont pénétrés par cet éther, milieu continu qui transmet les vibrations sans frottement, donc sans perte d'énergie et par suite à n'importe quelle distance. Cela a lieu, dans la nature, du côté où elle est forme. Il est donc tout naturel que la conscience, qui est la nature du côté de la vie, soit pareillement continue et pénètre tout.

Nous nous sentons être « ici », parce que nous recevons des impressions des objets qui nous entourent. De la sorte, lorsque la conscience vibre, en réponse à des objets « éloi-

(1) *Chândogyopanishad*, VIII, 1-3.

gnés », aussi fortement que s'il s'agissait d'objets « rapprochés », nous nous sentons auprès de ceux-là. Si la conscience répond à un événement qui a lieu sur la planète Mars, aussi distinctement qu'à un événement qui se passe dans notre chambre, il n'y aura pas de différence dans la connaissance qu'elle aura de l'un et de l'autre et elle se sentira « ici », aussi bien dans un cas que dans l'autre. Il ne s'agit pas d'une question de lieu, mais d'une question d'évolution de capacité. Le Sujet connaissant est présent partout où sa conscience peut répondre et tout progrès de son aptitude à répondre dénote l'accès, dans sa conscience, de tout ce à quoi il répond, de tout ce que comporte son mode spécial de vibration.

Ici encore l'analogie d'ordre physique nous servira. L'œil voit tout ce qui est capable de lui transmettre des vibrations lumineuses et rien d'autre. Il ne peut répondre que selon un certain mode de vibration ; tout ce qui est en dehors de ce monde, au delà ou en deçà, demeure dans l'obscurité pour l'œil. Le vieil axiome hermétique : « En bas comme en haut » est pour nous un fil dans le labyrinthe qui nous entoure et en étudiant la réflexion qui se fait en bas, nous apprenons souvent quelque chose de l'objet qui, en haut, produit cette réflexion.

L'une des différences entre cette faculté d'être conscient en n'importe quel lieu et celle de « s'élever » aux plans supérieurs, consiste en ce que dans le premier cas le Jîva, enfermé ou non dans ses véhicules inférieurs, se sent immédiatement en présence des objets « éloignés », tandis que dans le second cas, enveloppé par les corps mental et astral, ou seulement par le corps mental, il passe rapidement d'un point à un autre et prend conscience de cette translation. Une autre différence, bien plus importante, c'est que, dans le second cas, le Jîva peut se trouver au milieu d'une foule d'objets auxquels il ne comprend rien du tout, monde surprenant et nouveau où il se sent étranger et déconcerté, tandis que dans le premier cas il comprend tout ce qu'il voit, et connaît, en toute circonstance, la vie aussi bien que la forme. Ainsi étudiée, la lumière du Moi Unique rayonne à travers tout et l'on jouit d'une connaissance sereine, que l'on ne saurait acquérir en séjournant, fût-ce un nombre incalculable d'années, au milieu de la confusion des formes.

La concentration est le moyen par lequel le Jîva échappe à l'esclavage des formes et entre dans le séjour de la paix. « Pour celui qui n'a pas la concentration, la paix n'existe pas », dit le Maître (1), car la paix fait son nid sur un rocher qui domine de haut les eaux agitées de la forme.

Comment on réalise la concentration.

Après avoir compris la théorie de la concentration, l'étudiant doit passer à la pratique.

S'il est dévot par tempérament, sa tâche sera bien simplifiée, car il pourra faire alors de l'objet de sa dévotion, celui de sa contemplation et son cœur étant fortement attiré vers cet objet, son esprit s'y arrêtera volontiers sans effort, et lui présentera l'image aimée tandis que les autres seront exclues avec la même facilité. Car le mental est sans cesse entraîné

(1) *Bhagavad Gîtâ*, II, 66.

par le désir et sert constamment de ministre au plaisir. Ce qui procure des plaisirs est toujours recherché par le mental et il s'efforce toujours de maintenir présentes les images qui lui donnent du plaisir et d'exclure celles qui sont pour lui des sources de peine. C'est pourquoi il s'arrêtera sur une image agréable, fixé dans cette contemplation par le plaisir qu'il y prend : si on l'arrache de force à cette contemplation, il y reviendra sans cesse. Un dévot peut ainsi atteindre très promptement un degré considérable de contemplation, il pensera à l'objet de sa dévotion, créera dans son imagination une figure, une image aussi claire que possible de cet objet, et maintiendra son esprit fixé sur l'image, sur la pensée de l'objet aimé. C'est ainsi qu'un Chrétien pensera au Christ, à la Vierge Mère, à son Saint Patron, à son Ange Gardien ; c'est ainsi encore qu'un Hindou pensera à Maheshvara, à Vishnou, à Umâ, à Shrî Krishna ; un Bouddhiste pensera de même à Bouddha, au Bodhisattva (1) ; un Parsi, à Ahura-Mazda, à Mithra

(1) *Bodhisattva* (mot sanscrit), un « saint » du Bouddhisme, un être qui est en voie d'atteindre la sagesse suprême, et n'a qu'un certain nombre d'incarnations à

et ainsi de suite. Chacun de ces objets fait appel à la dévotion du fidèle et l'attraction exercée sur le cœur attache le mental à l'objet, source de plaisir. De la sorte, le mental se concentre avec le moindre effort, la moindre perte d'énergie.

Lorsqu'on n'a pas affaire à un tempérament dévot, le facteur de l'attraction peut encore fournir un secours utile, mais en ce cas il rattache l'esprit à une idée, non à une personne. Les premiers essais de concentration devraient toujours être tentés par ce moyen. Chez les natures qui ne sont pas dévotes, l'image qui exercera l'attraction revêtira la forme de quelque idée profonde, de quelque problème élevé ; c'est cela qui devrait constituer l'objet de la concentration et c'est à cela que l'esprit devrait être sans cesse appliqué. Ici le pouvoir qui détermine l'attraction est l'intérêt intellectuel, le désir profond de savoir, l'une des passions les plus fortes de l'humanité.

traverser pour atteindre la condition suprême de Bouddha et le Nirvâna définitif. — Ce terme désigne en particulier pour les Hindous une succession de Grands Êtres qui remplissent des fonctions élevées dans la hiérarchie de l'Univers.

Une autre forme de concentration très profitable à ceux qui ne sont pas attirés vers une personnalité, objet de leur dévotion, consiste à choisir une vertu et à concentrer l'esprit sur elle. Une dévotion très réelle peut être éveillée par un objet de cette sorte, car il fait appel au cœur à travers l'amour de la beauté intellectuelle et morale. Dans le mental, la vertu devrait être représentée aussi complètement que possible et après qu'il a jeté un regard d'ensemble sur ses effets, il devrait demeurer fixé sur sa nature essentielle. Un grand avantage, en outre, de cette sorte de concentration, c'est qu'à mesure que le mental se forme à la vertu et en reproduit les vibrations, cette vertu en vient graduellement à faire partie de la nature et s'établit solidement dans le caractère. Cette formation du mental est vraiment un acte d'auto-création, car au bout d'un certain temps, le mental revêt sans peine les formes auxquelles la concentration l'a contraint, et ces formes deviennent les organes de son expression habituelle. Il est très vrai, ainsi qu'on l'a écrit jadis, que :

L'homme est la création de la pensée ; telles

les choses auxquelles il applique son esprit dans cette vie, tel il devient par la suite (1).

Lorsque le mental se détache de son objet, que celui-ci soit intellectuel ou objet de dévotion, — comme cela lui arrivera bien des fois, — il faut le ramener et le diriger à nouveau vers son but. Souvent, au début, il errera sans même s'apercevoir qu'il erre et l'étudiant s'éveillera soudain en constatant qu'il pense à quelque chose de différent de l'objet réel de sa réflexion. Cela se renouvellera mainte et mainte fois et l'étudiant devra patiemment ramener le mental au but — exercice fatigant et ennuyeux, mais seul moyen d'arriver à la concentration.

C'est un exercice mental utile et instructif que celui qui consiste, lorsque le mental a ainsi glissé inconsciemment loin de son objet, à le ramener, en lui faisant suivre le chemin même qu'il a suivi dans ses écarts. Ce procédé accroît le contrôle du cavalier sur son cheval échappé et diminue ainsi, chez celui-ci, la tendance à fuir.

La pensée suivie, bien qu'elle soit un pre-

(1) *Chândogyopanishad*, III, XIV, I.

mier pas vers la concentration, ne s'identifie pas avec elle, car dans la pensée suivie, le mental passe d'une suite d'images à l'autre et n'est pas fixé sur une seule. Mais comme c'est chose bien plus aisée que la concentration, le commençant pourra s'en servir pour s'élever à une tâche plus difficile. Il est souvent d'un grand secours pour un dévot de choisir une scène dans la vie du héros, objet de sa dévotion, et de se figurer la scène vivement, avec tous ses détails, de la replacer dans son cadre, au milieu du paysage et des couleurs à elle propres. De la sorte, le mental est graduellement soutenu dans une même direction et il peut être conduit jusqu'à la figure centrale de la scène, finalement être fixé sur cette figure, objet de sa dévotion. Lorsque la scène se reproduit dans le mental, elle s'accompagne d'un sentiment de réalité, et de cette façon il devient possible d'entrer en contact magnétique avec la figuration de cette scène sur un plan plus élevé — avec sa photographie permanente dans l'éther cosmique — et d'en obtenir ainsi une connaissance beaucoup plus approfondie qu'aucune description n'aurait pu en fournir. Par le même moyen, le dévot pourra entrer en contact magnétique avec l'objet de sa dévotion et contracter avec lui, par ce contact direct, des relations bien plus intimes qu'il n'aurait été possible sans cela. Car la conscience n'est pas renfermée dans les limites de l'espace physique, mais elle *est* partout où existe un objet dont elle prend conscience — nous avons expliqué cela antérieurement.

Cependant la concentration elle-même, il faut se le rappeler, est autre chose que cet enchaînement de pensées et le mental doit, en fin de compte, se fixer sur l'objet unique et y rester attaché sans raisonner, mais, pour ainsi dire, en aspirant, absorbant le contenu de cet objet.

CHAPITRE VIII

Des obstacles à la concentration. Les esprits distraits.

Ceux qui commencent à pratiquer la concentration se plaignent tous que l'effort même pour se concentrer aboutit à une plus grande agitation du mental. Cela est vrai en quelque mesure, car la loi de l'action et de la réaction s'applique ici comme ailleurs et la pression exercée sur le mental amène une réaction correspondante. Mais tout en admettant cela, nous constatons, en examinant les choses de plus près, que l'*accroissement* d'agitation est en grande partie illusoire. Le sentiment de cet accroissement d'agitation est dû surtout à l'opposition qui s'élève tout à coup, entre l'Ego, qui veut la stabilité et le mental dans sa condition normale de mobilité. L'Ego, pendant une longue série d'existences, a été entraîné par le mental dans tous ses mouvements rapides, comme un homme est toujours entraîné à travers l'espace par le tourbillon de la terre. Il n'est pas conscient du mouvement; il ne sait pas que le monde se meut, tant il en fait étroitement partie, mû lorsque se meut le monde. S'il était possible à l'homme de se séparer de la terre et d'arrêter son propre mouvement sans être brisé en morceaux, il aurait conscience, à ce moment-là seulement, que la terre se meut avec une grande vitesse. Tant qu'un homme se prête à chacun des mouvements de son mental, il n'a pas conscience de la continuelle activité, de l'agitation de celui-ci, mais lorsqu'il se fixe, qu'il cesse de se mouvoir, c'est alors qu'il sent le mouvement continu du mental auquel il a jusqu'alors obéi.

Si le débutant connaît ces faits, il ne sera pas découragé dès le commencement de ses efforts en faisant à son tour l'expérience universelle, mais, accordant que la chose est naturelle, il poursuivra tranquillement sa tâche. Et, après tout, il ne fera que répéter l'expérience proclamée par Arjuna il y a cinq mille ans :

« Cette Yoga que tu as déclaré trouver par la sérénité, O meurtrier de Madhu, je ne vois pas pour elle de fondement solide, à cause de l'agitation perpétuelle, car le mental est très agité, O Krishna ! il est impétueux, violent et très difficile à contenir; j'estime qu'il est aussi malaisé à plier que le vent. »

Et la réponse est encore juste, qui indique l'*unique* moyen de succès :

« Sans doute, O puissamment armé, le mental est malaisé à plier et agité, mais il peut être plié par l'exercice constant et par l'indifférence (1). »

Le mental ainsi consolidé, ne perdra pas si aisément son équilibre, sous l'influence des pensées échappées par distraction aux autres esprits et qui cherchent toujours à trouver un logement, foule errante qui nous enveloppe sans cesse. Le mental habitué à la concentration conserve toujours un certain caractère

(1) *Bhagavad Gîtâ*, VI, 35, 36.

affirmatif et ne se laisse pas aisément façonner par des intrus importuns.

Tous ceux qui font l'éducation de leur mental devraient conserver une attitude de ferme vigilance par rapport aux pensées qui « viennent à l'esprit » et ils devraient exercer, vis-à-vis d'elles, une constante sélection. Le refus d'héberger les mauvaises pensées, leur prompt rejet si elles parviennent à entrer, le remplacement immédiat d'une mauvaise pensée par une pensée bonne de nature opposée, — c'est là un exercice qui dispose le mental de telle sorte qu'au bout d'un certain temps il agit automatiquement, repoussant le mal de son propre mouvement. Les vibrations harmonieuses et rythmiques écartent celles qui sont peu harmonieuses et irrégulières ; celles-ci sont projetées loin de la surface des vibrations rythmiques, comme une pierre qui vient heurter une roue en mouvement. Vivant, comme nous le faisons tous, dans un courant continuel de pensées, bonnes et mauvaises, nous devons cultiver la sélection du mental, afin que le bon puisse être automatiquement attiré, le mauvais automatiquement repoussé.

Le mental est comme un aimant, il attire

et repousse et la nature de ses attractions et répulsions peut être déterminée par nous. Si nous surveillons les pensées qui entrent dans notre mental, nous constatons qu'elles sont de même sorte que celles que nous favorisons d'ordinaire. Le mental attire les pensées qui sont conformes à son activité normale. Si donc, pendant un certain temps, nous pratiquons délibérément la sélection, le mental effectuera bientôt cette sélection pour son propre compte, d'après le plan qui lui a été tracé pour cela et ainsi les mauvaises pensées ne pourront pas pénétrer dans le mental, tandis que les bonnes trouveront toujours la porte ouverte.

La plupart des gens ne sont que trop enclins à la réceptivité, mais cette réceptivité est due à la faiblesse, non à un abandon délibéré de soi-même à des influences plus élevées. Il est donc bon d'apprendre comment notre activité peut devenir positive à l'état normal, et comment elle peut devenir négative lorsque nous décidons qu'il est désirable qu'elle le soit.

L'habitude de la concentration tend d'elle-même à fortifier le mental, de sorte qu'il exerce sans peine un contrôle et une sélection vis-à-vis des pensées qui lui viennent du dehors et nous avons déjà indiqué comment on peut l'habituer automatiquement à repousser les mauvaises. Mais il est bon d'ajouter à ce que nous avons dit que lorsqu'une pensée mauvaise pénètre dans le mental, il vaut mieux ne pas la combattre directement, mais mettre à profit le fait que le mental ne peut penser qu'à une chose à la fois; qu'on le tourne donc tout à coup vers une bonne pensée et la mauvaise sera nécessairement expulsée. En combattant contre une chose quelconque, la force même que nous émettons cause une réaction correspondante et accroît ainsi la difficulté; tandis que si nous tournons notre œil mental vers une image située dans une direction différente, l'autre image se trouve amenée silencieusement hors du champ visuel. Bien des gens perdent des années à combattre des pensées impures, tandis que si le mental s'appliquait tranquillement à des pensés pures il ne resterait plus de place aux assaillants; en outre, le mental attirant ainsi à lui une matière qui ne répond pas au mal, s'affirme peu à peu dans son caractère positif et perd toute réceptivité à l'égard de cette sorte de pensées.

Tel est le secret de la bonne réceptivité ; le mental répond selon sa composition ; il répond à tout ce qui est d'une nature analogue à la sienne ; nous le rendons positif à l'égard du mal, négatif à l'égard du bien, en nous habituant à bien penser, c'est-à-dire en le construisant de matériaux susceptibles de recevoir le bien, incapables de recevoir le mal. Nous devons réfléchir à ce que nous désirons recevoir et refuser de penser à ce que nous désirons ne pas recevoir. Un mental exercé à cela attirera à lui les bonnes pensées parmi l'océan de pensées qui l'entourent, il repoussera les mauvaises et deviendra ainsi de plus en plus pur, de plus en plus fort, dans les conditions mêmes où un autre deviendrait plus impur et plus faible.

La méthode qui consiste à remplacer une pensée par une autre, peut être utilisée avec avantage de bien des façons. Si une pensée désobligeante au sujet d'une autre personne, entre dans le mental, il faut la remplacer aussitôt par la pensée de quelque vertu possédée par cette personne, ou de quelque bonne action accomplie par elle. Si le mental est harcelé par les soucis, dirigez-le vers la pensée du but qui oriente la vie entière, vers la Bonne Loi qui « avec force et douceur ordonne toutes choses ».

Si une forme particulière de pensée regrettable s'impose obstinément, il sera sage de se munir d'une arme spéciale; on choisira un vers ou une phrase où soit formulée l'idée opposée et chaque fois que l'idée fâcheuse se présentera, on répétera cette phrase en la méditant. Au bout d'une semaine ou deux, la pensée aura cessé d'être importune.

C'est une sage mesure que de fournir constamment à l'esprit quelque pensée élevée, quelque parole de réconfort, qui inspire le désir de vivre noblement. Avant d'entrer dans le tumulte de la vie, tous les jours, régulièrement, nous devrions donner au mental le bouclier de la bonne pensée. Quelques paroles suffisent, tirées des Écritures sacrées de notre race; récitées plusieurs fois dès le matin, elles se fixeraient dans le mental, lui reviendraient à mainte et mainte reprise au cours de la journée et le mental les répéterait machinalement chaque fois qu'il ne serait pas occupé.

Dangers de la concentration.

Il y a certains dangers attachés à l'exercice de la concentration et dont le commençant doit être averti, car bon nombre d'étudiants zélés, dans leur désir d'avancer fort loin, vont trop vite et apportent ainsi des entraves à leur propre progrès au lieu de le faciliter.

Le corps est exposé à souffrir par suite de l'ignorance et de l'inattention du débutant.

Lorsqu'un homme concentre son esprit, son corps se met dans un état de tension, mais le sujet ne s'en aperçoit pas, c'est involontaire de sa part. Ce résultat d'un certain état d'esprit, pour le corps, peut être observé dans bien des cas insignifiants : un effort de mémoire fait plisser le front, les yeux deviennent fixes, les sourcils s'abaissent; l'attention intense s'accompagne de la fixité des yeux, l'anxiété donne un regard soucieux et ardent. Pendant des siècles, l'effort du mental a été suivi d'un effort du corps; le mental n'étant appliqué qu'à satisfaire les besoins du corps à l'aide des mouvements effectués par celui-ci, de la sorte, une association s'est établie qui agit automatiquement.

Lorsque la concentration commence, le corps, selon cette habitude, suit l'esprit et les muscles deviennent rigides en même temps que les nerfs se tendent; de là une grande fatigue physique, l'épuisement musculaire et nerveux, des douleurs de tête aiguës qui ont bien des chances de se produire au cours de la concentration; par suite, beaucoup de gens sont tentés d'y renoncer, pensant que ces fâcheux effets sont inévitables.

De fait, ils peuvent être évités par une simple précaution. Le débutant devrait, de temps à autre, s'arracher suffisamment à sa concentration pour noter l'état de son corps et s'il le trouvait surmené, tendu ou crispé, il devrait aussitôt relâcher sa contrainte; après avoir fait cela plusieurs fois, les liens de l'association seraient brisés et le corps demeurerait souple et au repos, tandis que le mental serait concentré.

Patânjali disait que la posture adoptée dans la méditation devrait être « aisée et commode »; le corps ne peut pas, par sa tension, aider l'esprit et il se nuit à lui-même.

Peut-être me permettra-t-on une anecdote personnelle à l'appui de tout ceci. A l'époque où je m'instruisais auprès de H. P. Blavatsky, elle exprima un jour le désir que je fisse un effort de volonté; je le fis intense et le résultat fut une forte dilatation des veines de ma tête. « Ma chère, me dit-elle sèchement, ce n'est pas avec vos veines que vous devez vouloir. »

Un autre danger physique provient de l'effet produit par la concentration sur les cellules nerveuses du cerveau. A mesure que la puissance de concentration augmente, que le mental s'apaise et qu'à travers lui l'Ego commence à fonctionner à travers le mental, il réclame un nouvel apport de la part des cellules nerveuses cérébrales. Ces cellules, bien entendu, ont pour éléments ultimes, des atomes dont la masse est constituée par des enroulements de spirilles à travers lesquelles circulent des courants d'énergie vitale. Parmi ces spirilles, on distingue sept espèces, dont quatre seulement sont en fonction; les trois autres sont momentanément sans emploi — ce sont en réalité des organes rudimentaires. Lorsque les énergies supérieures se déversent, cherchant à se frayer un passage dans les atomes, la catégorie de spirilles qui, à un stade ultérieur d'évolution, leur servira de canal, entrent forcément en activité. Si cela s'effectue doucement et soigneusement, il n'en résulte aucun mal, mais une pression trop forte altère la structure délicate des spirilles. Ces conduits fins et délicats, lorsqu'ils ne fonctionnent pas, sont en contact par leurs parois l'un avec l'autre, comme des tubes de caoutchouc mou; si les parois sont violemment écartées l'une de l'autre, une rupture peut en résulter. L'annonce du danger est un sentiment de pesanteur et de lourdeur dans tout le cerveau; si l'on n'y prend pas garde, une douleur aiguë se fera bientôt sentir et une inflammation opiniâtre pourra s'ensuivre. La concentration devrait donc être pratiquée au début avec une grande modération et ne devrait jamais aller jusqu'à la fatigue cérébrale. Quelques minutes à la fois suffisent en commençant, la durée augmentant peu à peu à mesure que la pratique se fait plus habituelle.

Mais, si court que soit le temps consacré à la concentration, il doit l'être avec régularité; si l'habitude est négligée un seul jour l'atome reprend sa condition antérieure et tout le travail demande à être recommencé. L'exercice constant et régulier, pas trop prolongé, assure les meilleurs résultats et écarte le danger.

Dans quelques écoles de ce qu'on appelle Hatha-Yoga, on recommande aux élèves, pour faciliter la concentration, de fixer les yeux sur un point noir qui se détache sur un mur blanc et de prolonger cette fixité du regard jusqu'à ce que la transe se produise. Or, il y a deux raisons pour lesquelles on ne doit pas faire cela. Tout d'abord, au bout d'un certain temps, cet exercice abîme la vue et les yeux perdent leur faculté d'accommodation. Secondement, cela amène une forme de paralysie cérébrale. Elle commence par une fatigue des cellules de la rétine, lorsque les ondes lumineuses les atteignent, puis le point noir disparaît, l'endroit de la rétine où son image se formait étant devenu insensible par suite d'un exercice trop prolongé. Cette fatigue gagne les centres jusqu'à ce que, finalement, une sorte de paralysie survienne qui plonge le sujet dans l'état hypnotique. De fait, l'excitation excessive d'un organe des sens est, en Occident, un des moyens reconnus pour produire l'hypnose — le miroir tournant, la lumière électrique, etc., étant employés à cette fin.

Or, non seulement la paralysie cérébrale arrête toute pensée sur le plan physique, mais elle rend, en outre, le cerveau insensible aux vibrations non physiques, de sorte que l'Ego ne peut plus l'impressionner; la paralysie cérébrale ne libère pas l'Ego, elle ne fait que lui retirer son instrument. Un homme peut rester pendant des semaines dans un état d'hypnose ainsi provoqué, et lorsqu'il se réveillera il ne sera en rien plus sage qu'au début de la transe. Il n'aura pas acquis de connaissance; il aura simplement perdu son temps. Ces méthodes ne donnent pas de pouvoir spirituel; elles produisent simplement l'incapacité physique.

La méditation.

Nous avons déjà expliqué antérieurement ce qu'est la méditation, c'est simplement l'attitude soutenue du mental qui se concentre en face d'un objet de son culte, d'un problème qui exige une illumination pour devenir intelligible, ou de n'importe quelle chose dont il s'agit d'absorber et de s'assimiler la vie plutôt que la forme.

La méditation ne peut pas être pratiquée avec fruit, avant qu'on ne se soit rendu maître, au moins en partie, de la concentration. Car celle-ci n'est pas en elle-même une fin, ce n'est qu'un moyen en vue d'une fin; elle fait du mental un instrument qui peut être utilisé au gré de son possesseur. Lorsqu'un mental se concentre et se dirige obstinément sur un objet, résolu à en percer les voiles, à en atteindre la vie et à unir cette vie à celle à laquelle le mental appartient — alors nous avons la méditation. La concentration peut être considérée comme le façonnement de l'organe, la méditation comme son exercice. Le mental a été mis en état de se fixer sur un point unique; il se dirigera alors et demeurera fixé sur n'importe quel objet dont la connaissance sera désirée.

Tous ceux qui auront résolu de mener une vie spirituelle doivent consacrer chaque jour quelque temps à la méditation. La vie physique ne peut pas plus se soutenir sans nourriture que la vie spirituelle sans méditation. Ceux qui ne peuvent pas se réserver une demi-heure par jour, pendant laquelle le monde sera oublié et le mental pourra recevoir des plans spirituels un courant de vie, ceux-là ne peuvent pas mener une vie spirituelle.

C'est seulement à un mental en état de concentration, persévérant, fermé au monde, que le Divin peut se révéler. Dieu se manifeste, dans son univers, sous des formes infinies, mais à l'intérieur du cœur humain, il se montre dans sa vie et sa nature, s'y révélant à ce qui est un fragment de lui-même. Dans ce silence, la paix, la vigueur et la force viennent inonder l'âme et l'homme qui pratique la méditation est toujours l'homme le plus puissant de ce monde.

Lord Rosebery, parlant de Cromwell, le dépeint comme un « mystique pratique » et déclare qu'un mystique pratique est la plus grande force de l'univers. Cela est vrai. L'intelligence qui s'est concentrée, la faculté de s'isoler loin du tumulte du monde représentent une énergie au travail immensément accrue, sont signes de fermeté, de maîtrise de soi, de sérénité; l'homme qui pratique la méditation est celui qui ne perd jamais de temps, ne gaspille pas son énergie, ne manque aucune des occasions dont il peut profiter. Un tel homme gouverne les événements parce qu'au dedans de lui réside le pouvoir dont les événements ne sont que l'expression extérieure; il partage la vie divine et, par suite, le pouvoir divin.

CHAPITRE IX

Comment se fortifie la puissance de la pensée.

Nous pouvons maintenant aborder l'étude de la valeur pratique de la puissance de la pensée, car toute étude qui n'aboutit pas à la pratique est stérile. La vieille formule est toujours vraie : « Le but de la philosophie est de mettre fin à la douleur. » Nous devons apprendre à développer notre pouvoir de pensée puis, ce pouvoir une fois développé, à en user pour secourir ceux qui nous entourent, les vivants, et les soi-disant morts, afin d'accélérer l'évolution humaine et de hâter notre propre progrès.

La puissance de la pensée ne peut être accrue que par un exercice constant et prolongé ; de même que le développement musculaire dépend exactement et réellement de l'exercice de nos muscles, de même le développement mental dépend de l'exercice de notre mental, quel que soit son état actuel.

C'est une loi de la vie que la croissance résulte de l'exercice. La vie, *qui est notre Moi*, cherche (ou tend) sans cesse à s'exprimer plus complètement à l'extérieur au moyen de la forme qui la revêt. Affluant à l'appel qu'est l'exercice, la pression qu'elle exerce sur la forme détermine l'expansion de celle-ci : il se produit un apport de matière que la forme incorpore et de la sorte une partie de l'expansion est rendue permanente. Lorsque le muscle est détendu par l'exercice, la vie s'y répand plus abondamment, les cellules se multiplient et ainsi le muscle grossit. Lorsque le corps mental vibre sous l'action de la pensée, un nouvel apport de matière y pénètre, venu de l'atmosphère mentale : le corps se l'assimile et augmente ainsi de volume en même temps que sa structure se fait plus complexe. Un corps mental continuellement exercé grandit, aussi bien si la pensée qu'on y introduit est bonne que si elle est mauvaise. La somme des pensées détermine l'accroissement du corps, la qualité des pensées détermine la sorte de matière employée à cet accroissement.

D'autre part, dans le cerveau physique, les cellules de matière grise se multiplient à mesure que le cerveau s'exerce à penser. Les autopsies ont fait voir que le cerveau du penseur est non seulement plus développé et plus lourd que celui du laboureur, mais qu'il présente, en outre, un nombre bien plus grand de circonvolutions. Celles-ci accroissent considérablement la surface de la substance grise qui est l'instrument physique immédiat de la pensée sur lequel la pensée agit directement, sans intermédiaire.

Ainsi, le corps mental et le cerveau physique s'accroissent tous deux par l'exercice et ceux qui veulent les améliorer et les développer doivent recourir à une méditation quotidienne, régulière, pratiquée dans le but précis de perfectionner leurs facultés mentales. Il est inutile d'ajouter que les forces inhérentes au Sujet connaissant se développent plus rapidement, elles aussi, grâce à cet exercice et qu'elles agissent sur les véhicules avec une intensité croissante.

Pour qu'il puisse produire tout son effet, cet exercice doit être méthodique. Le débutant choisira quelque livre bien fait, sur un sujet qui l'intéresse — quelque livre écrit par un auteur compétent et contenant des pensées neuves et fortifiantes. Une ou plusieurs phrases seront lues lentement, après quoi le lecteur réfléchira soigneusement et profondément sur ce qu'il a lu. C'est une sage habitude que celle de consacrer deux fois plus de temps à la réflexion qu'à la lecture, car l'objet de cette dernière n'est pas simplement d'acquérir des idées nouvelles, mais de fortifier la faculté de penser. Une demi-heure, si possible, devrait être consacrée à cet exercice, mais le débutant pourra commencer par un quart d'heure car, dans les premiers temps, il trouvera que l'attention soutenue le fatigue un peu.

Toute personne qui adoptera l'habitude de cet exercice et le pratiquera régulièrement pendant quelques mois, aura conscience au bout de ce temps d'un accroissement sensible de force mentale et se sentira capable de manier les problèmes de la vie ordinaire avec beaucoup plus de succès qu'auparavant. La nature est un payeur équitable ; elle donne à chacun le salaire qu'il a gagné, mais elle ne donne pas un centime immérité. Ceux qui veulent récolter le salaire d'un perfectionnement mental doivent le mériter par un effort de pensée ardu.

La tâche est double, ainsi que nous l'avons déjà indiqué. D'une part, les forces de la conscience sont attirées au dehors ; de l'autre, les formes par lesquelles elles s'expriment sont développées, — et le premier de ces points ne doit pas être oublié. Beaucoup de personnes reconnaissent la valeur de la pensée précise en tant qu'elle affecte le cerveau, mais elles oublient que la source de toute pensée est le Moi incréé, éternel, et qu'elles ne font, par suite, que réaliser ce qu'elles possédaient déjà. Au dedans d'elles réside tout pouvoir, elles n'ont qu'à le mettre à profit, car le Moi divin est, pour chacun, la racine de la vie et l'aspect du Moi, par où il est connaissance, vit en chacun, cherchant sans cesse l'occasion de s'exprimer d'une façon plus complète. Tout pouvoir réside en chacun, incréé, éternel ; la forme est façonnée, elle se transforme, mais la vie vient du Moi de l'homme et son pouvoir est illimité. Cette puissance qui réside au dedans de chacun de nous est la même qui a façonné l'Univers, elle est divine et non humaine, elle fait partie de la vie du Logos et n'en est pas distincte.

Si l'on se rendait compte de cela et si le débutant se rappelait que la difficulté provient, non pas de l'insuffisance du pouvoir, mais de l'imperfection de l'instrument, — il travaillerait souvent avec plus de courage et d'espoir, et par suite avec plus de succès. Il doit sentir que l'essence de sa nature est la connaissance et qu'il dépend de lui de donner à cette nature, pendant son actuelle incarnation, une expression plus ou moins parfaite. L'expression, sans doute, est restreinte par les pensées que nous avons eues dans les existences antérieures, mais elle peut être perfectionnée et rendue plus efficace par la même puissance qui, dans ce passé, a façonné le présent. Les formes sont plastiques et peuvent être dessinées à nouveau, bien que lentement, par les vibrations de la vie.

Par-dessus tout, le débutant doit se rappeler

que pour progresser d'une façon continue, la régularité de l'exercice pratique est essentielle. Lorsqu'on y manque un jour, il faut l'effort de trois ou quatre autres jours pour contrebalancer le recul, au moins dans les débuts de la croissance. Lorsqu'on a acquis l'habitude de la pensée soutenue, la régularité de la pratique est moins nécessaire. Mais jusqu'à ce que cette habitude soit définitivement prise, la régularité est de la plus grande importance, car l'habitude plus ancienne de laisser aller la pensée à la dérive se réinstalle, la matière du corps mental reprend ses anciennes formes et il faut l'en dépouiller une fois encore avant de reprendre l'habitude interrompue. Cinq minutes d'effort régulier valent mieux qu'une demi-heure certains jours et rien d'autres fois.

Le tourment (1), *son interprétation et le moyen d'en triompher.*

On a dit, fort justement, que les gens vieil-

(1) En anglais *worry*, littéralement : tracas, ou encore, tourment, fatigue, obsession, soucis, etc.

lissent plus par les tourments que par le travail. Celui-ci, à moins d'être excessif, n'est pas préjudiciable au mécanisme de la pensée, mais, au contraire, il le renforce. En revanche, le processus mental désigné du nom de « tourment » lui est nettement préjudiciable et produit, à la longue, une irritabilité, un épuisement nerveux qui rendent impossible le travail mental prolongé.

Qu'est-ce que le « tourment » ? C'est la répétition d'un même enchaînement de pensées, à quelques légères altérations près, indéfiniment le même et n'aboutissant à aucun résultat, ne tendant même vers aucun. C'est la reproduction continue de formes de pensée, créées par le corps mental et le cerveau — non par la conscience — et imposées par eux à celle-ci. De même que les muscles surmenés ne peuvent rester au repos, mais entrent sans cesse en activité, même malgré la volonté, — de même le corps mental et le cerveau, lorsqu'ils sont fatigués, répètent indéfiniment les vibrations qui les ont épuisés et le penseur tente vainement de les amener au repos et de trouver ainsi le calme. L'automatisme nous apparait encore une fois : nous retrouvons la tendance à se mouvoir dans la direction même où le mouvement s'est déjà effectué. Le penseur, je suppose, aura médité sur quelque sujet triste et se sera efforcé d'arriver à une conclusion précise et utile. Il échoue, cesse de penser, mais demeure insatisfait, désireux de trouver une solution et dominé par la crainte de la peine anticipée. Cette crainte entretient en lui un état d'anxiété et d'agitation qui provoque un afflux irrégulier d'énergie. Dès lors, le corps mental et le cerveau, sous la double impulsion de l'énergie et du désir, mais non dirigés par le penseur, continuent à s'agiter et font reparaître les images déjà produites et déjà écartées. Celles-ci s'imposent, en quelque sorte, à l'attention et la série recommence indéfiniment. A mesure que la fatigue augmente, l'irritabilité se manifeste et réagit encore sur les phénomènes de la fatigue, de sorte que l'action et la réaction se succèdent dans un cercle vicieux. Le penseur, lorsqu'il est las, est l'esclave des corps qui le servent et souffre de leur tyrannie.

Cependant cet automatisme du corps mental et du cerveau, cette tendance à répéter les vibrations déjà produites, peuvent être utilisés pour corriger précisément la reproduction inutile des pensées pénibles. Lorsqu'un courant de pensée s'est tracé un canal — une forme de pensée — de nouveaux courants de pensée tendent à suivre la même voie, qui est celle de la moindre résistance. Une pensée qui cause de la peine revient aussitôt ainsi, par la fascination de la crainte, de même qu'une pensée qui fait plaisir revient par la fascination de l'attrait. L'objet de la crainte, la représentation de ce qui arrivera lorsque notre anticipation deviendra réalité, creuse ainsi un canal dans l'esprit, forme un moule pour la pensée et un sillon dans le cerveau. La tendance du corps mental et du cerveau, dispensés de toute tâche immédiate, est de répéter la forme et de laisser l'énergie sans emploi se déverser dans le canal déjà tracé.

Peut-être la meilleure manière de se débarrasser d'un canal de « tourment » est-elle d'en creuser un autre, d'un caractère diamétralement opposé. Un canal de ce genre, nous l'avons vu, se creuse par la pensée précise, persistante et régulière. Toute personne qui souffre d'obsessions devra donc consacrer trois ou quatre minutes, le matin en se levant, à la méditation de quelque pensée noble et encourageante : « Le Moi est Paix ; je suis ce Moi. Le Moi est Force, je suis ce Moi », par exemple. Que cette personne songe, au plus profond de son for intérieur, à quel point elle s'identifie avec le Père, Dieu suprême, à quel point, participant de cette nature, elle est impérissable, immuable, libre, dégagée de toute crainte, sereine et forte ; comment, d'autre part, les vêtements périssables qui la revêtissent sont sensibles à l'aiguillon de la douleur, au tourment rongeur de l'anxiété, et que cette personne songe à l'erreur qu'elle commet en identifiant cela à son Moi. Tandis qu'elle méditera ainsi, la paix la pénétrera et elle sentira que c'est là son atmosphère propre, celle qui lui est naturelle.

En procédant ainsi jour par jour, la pensée se creuse bientôt un canal dans le corps mental et le cerveau ; lorsque l'esprit est alors débarrassé de son travail, cette pensée du Moi qui est Paix et Force se présente spontanément et déploie ses ailes autour de l'esprit, au milieu même du tumulte du monde. L'énergie mentale se répand naturellement dans ce canal et le tourment recule dans le passé.

Une autre méthode consiste à habituer l'esprit à méditer sur la Bonne Loi, ce qui lui fait contracter l'habitude du contentement. L'homme médite alors cette pensée que toutes les circonstances se produisent en vertu de la Loi et que rien n'arrive par hasard. C'est uniquement ce que la Loi nous apporte qui peut nous atteindre, quelle que soit la main qui, en apparence, nous la transmette. Aucun mal ne nous frappe, qui ne nous soit dû, attiré sur nous par notre volonté et nos actes antérieurs; aucun homme ne peut nous nuire, sinon parce qu'il est l'instrument de la Loi et qu'il réclame de nous une dette que nous avons contractée. Même au cas où la prévision d'un chagrin ou d'un ennui viendrait assaillir l'esprit, celui-ci fera bien de l'envisager avec calme, de l'accepter, d'y agréer. La blessure disparaît en grande partie lorsque nous acquiesçons, reconnaissant la Loi, quelle qu'elle soit. Et nous ferons cela plus aisément encore si nous nous souvenons que la Loi agit toujours en vue de nous libérer, exigeant de nous les dettes qui nous retiennent en prison et que, s'il s'ensuit pour nous de la peine, cette peine n'est que le chemin qui conduit au bonheur. Toute souffrance, de quelque manière qu'elle nous vienne, tend à notre félicité finale et ne fait que rompre les liens qui nous tiennent enchaînés à la roue, toujours en mouvement, des naissances et des morts.

Lorsque ces pensées sont devenues habituelles, l'esprit cesse de se tourmenter, car les griffes du tracas ne peuvent pas entamer la solide armure de la paix.

Penser et cesser de penser.

On peut gagner beaucoup de force en apprenant à penser et à cesser de penser à volonté. Tandis que nous pensons, nous devrions concentrer tout notre mental sur l'effort pour penser de notre mieux. Mais lorsque notre tâche est terminée, la pensée devrait être écartée *complètement* et ne devrait pas être autorisée à nous occuper vaguement, à aborder notre mental et le quitter comme un bateau qui heurte un rocher. On ne laisse pas marcher une machine lorsque ce n'est pas pour accomplir un travail, ce qui en userait les rouages sans profit. Tandis qu'on laisse les rouages du mental, dont la valeur est incomparable, fonctionner indéfiniment sans but, s'user sans aucun résultat utile. Apprendre à cesser de penser, à laisser le mental en repos, c'est faire une acquisition des plus précieuses. De même que les membres fatigués reprennent leur vigueur lorsqu'ils se détendent au repos, de même le mental fatigué trouve du bien-être dans l'inaction absolue. Penser constamment, c'est vibrer constamment; vibrer constamment, c'est s'épuiser constamment. L'épuisement et la déchéance prématurée sont la suite de cette dépense inutile d'énergie et l'homme peut prolonger l'intégrité de son corps mental et de son cerveau en apprenant à suspendre sa pensée lorsqu'elle ne tend à aucun résultat utile.

Il est vrai de dire que « cesser de penser » n'est rien moins que chose aisée. Peut-être même est-ce encore plus difficile que de penser. Il faut s'y exercer pendant un temps très court, jusqu'à ce que l'habitude en soit prise, car au début, maintenir le mental en repos, représente une dépense de force. Le débutant, après qu'il a réfléchi d'une façon sérieuse, doit écarter sa pensée et dès que celle-ci tente de revenir, il doit en détourner son attention. Sans se lasser, il doit se détourner de tous les intrus; si c'est nécessaire, il imaginera le vide, comme un échelon vers la quiétude et il essaiera de ne prendre conscience que de la tranquillité et de l'obscurité. Si l'on persiste à procéder comme nous l'indiquons, cette méthode sera de mieux en mieux comprise et un sentiment de paix et de repos encouragera l'étudiant à persister davantage encore.

Il ne faudrait pas oublier non plus que suspendre la pensée, lorsqu'elle est tournée vers l'activité extérieure, c'est une condition préliminaire qui lui permet de travailler sur des plans plus élevés. Lorsque le cerveau a appris la quiétude, lorsqu'il a cessé de raviver sans cesse les images décousues, résidus de son activité passée, — alors s'ouvre la possibilité, pour la conscience, d'écarter son enveloppe physique et de déployer, dans son propre monde, sa libre activité. Ceux qui espèrent réaliser ce pas en avant dès la vie présente doivent apprendre à suspendre leur pensée, car c'est seulement lorsque « les modifications du principe pensant » sont réprimées sur le plan inférieur, que la liberté peut être obtenue sur le plan supérieur.

Un autre moyen de procurer le repos au corps mental et au cerveau — moyen bien plus aisé que l'arrêt de la pensée — consiste à changer de pensée. Tout individu dont la pensée suit, avec intensité et persistance, une même direction, devrait avoir un second sujet de réflexion aussi différent que possible du premier et vers lequel il pourrait se tourner pour se reposer. La fraîcheur et la jeunesse de pensée, si extraordinaires chez William Ewart Gladstone sur ses vieux jours, résultaient en grande partie de la diversité de son activité intellectuelle. C'est vers la politique qu'elle fut dirigée avec le plus d'ardeur et de continuité, mais les études de théologie et de grec remplirent bien des heures de loisir, dans la vie de Gladstone. Sans doute ce ne fut qu'un théologien insignifiant et je ne suis pas à même d'apprécier ce qu'il fut comme helléniste, mais si l'on ne peut pas dire que le monde ait beaucoup gagné par ses jugements théologiques, Gladstone lui-même dut à ces études et à celle du grec, de garder jusqu'à la fin de sa vie un cerveau vigoureux et réceptif. Charles Darwin, en revanche, se désolait sur ses vieux jours d'avoir laissé s'atrophier, en ne les exerçant pas, les facultés qui lui auraient permis de s'intéresser à des sujets autres que celui de ses études spéciales. La littérature et l'art étaient sans intérêt pour lui et il avait une conscience très vive des limites dans lesquelles il s'était enfermé en s'absorbant trop exclusivement dans une seule direction d'étude. Tout homme a besoin de varier ses exercices, aussi bien quand il s'agit de sa pensée que de son corps, sans quoi il pourra souffrir de la crampe mentale, comme d'autres souffrent de la crampe des écrivains.

Peut-être est-il spécialement important que les hommes absorbés par la vie pratique, s'intéressent à un sujet concernant celles de leurs facultés qui ne sont pas requises par leurs affaires, que ce soit l'art, la science ou la littérature qui fournissent à ces hommes une récréation mentale et polissent leur esprit. Les jeunes gens surtout devraient adopter une étude de ce genre, avant que leur cerveau, vigoureux et actif, ne soit fatigué et surmené; sur leurs vieux jours, ils trouveraient alors en eux-mêmes des ressources qui les enrichiraient et illumineraient leurs dernières années. La forme conserve beaucoup plus longtemps son élasticité lorsqu'on lui a ainsi accordé du repos par le changement d'occupations.

Le secret de la paix du mental.

Dans ce que nous venons d'étudier, nous avons déjà trouvé, indiquée en partie, la méthode qui procure la paix du mental. Mais la condition nécessaire avant toute autre, c'est que nous reconnaissions clairement et comprenions notre place dans l'univers.

Nous faisons partie d'une grande Vie totale, qui ne commet pas d'erreur, ignore les pertes d'effort ou de force, qui, « ordonnant toutes choses avec force et douceur », emporte les mondes vers leur but. L'idée que notre petite vie est une unité séparée et indépendante, combattant, pour son propre compte, d'innombrables unités séparées et indépendantes elles aussi, — est une erreur des plus désespérantes. Tant que nous envisageons de ce point de vue le monde et la vie, la paix demeure loin de nous, sur une tour inaccessible. Lorsque nous sentons et comprenons que tous les Moi ne sont qu'un, la paix du mental devient nôtre sans que nous ayons crainte de la perdre.

Toutes nos difficultés proviennent de ce que nous nous considérons comme unités séparées, de ce que nous tournons alors sur notre propre axe mental, ne songeons qu'à nos intérêts particuliers, à nos fins particulières, à nos joies et à nos chagrins particuliers. Quelques-uns agissent ainsi par rapport aux choses les moins élevées de la vie et ce sont les plus mécontents de tous : sans trêve ils cherchent à s'emparer de quelque chose, dans le stock général des biens matériels et ils empilent des trésors inutiles. D'autres cherchent sans cesse à réaliser leur propre progrès individuel dans la vie supérieure : ce sont de braves gens sérieux, mais toujours mécontents et anxieux. Ils se contemplent et s'analysent sans cesse : « Est-ce que j'avance ? est-ce que j'en sais plus que l'année dernière ? » et ainsi de suite, s'usant dans la recherche continuelle d'une assurance de progrès, leur pensée ayant toujours pour centre leur propre gain intérieur.

La paix ne se trouve pas dans la recherche continuelle d'un contentement pour le moi séparé, même si ce contentement était de la sorte la plus élevée. La paix se trouve en renonçant au moi séparé, en s'appuyant sur le Moi qui est Un, le Moi qui se manifeste à *tout* stade de l'évolution, à celui où nous sommes autant qu'aux autres et qui est satisfait partout.

Le désir de progresser spirituellement est du plus grand prix tant que les désirs inférieurs étouffent et enchaînent les aspirations du novice ; celui-ci puise de la force pour se libérer d'eux dans le désir passionné de progresser spirituellement ; mais cela ne donne pas, ne peut pas donner le bonheur, lequel ne se rencontre que lorsque le moi séparé est repoussé et le grand Moi reconnu comme l'objet pour l'amour duquel nous vivons en ce monde. Même dans la vie ordinaire, les personnes qui ne sont pas égoïstes sont les plus heureuses — celles qui travaillent à rendre les autres heureux et s'oublient elles-mêmes. Les personnes mécontentes sont celles qui cherchent toujours leur propre bonheur.

Nous sommes le Moi et, par suite, les joies et les peines des autres sont à nous autant qu'à eux et dans la mesure où nous sentons cela et apprenons à vivre de telle sorte que l'univers entier partage la vie qui circule en nous, notre mental apprend le secret de la paix. « Celui-là atteint la paix en qui tous les désirs coulent comme les rivières coulent vers l'Océan, qui est rempli d'eau mais demeure immuable, — (mais) n'atteint pas la paix, celui qui cherche le désir » (1). Plus nous désirons, plus doit croître notre soif de bonheur — c'est-à-dire notre malheur. Le secret de la paix est de se connaître soi-même et la pensée « Je suis ce Moi » nous aidera à conquérir une paix mentale que rien ne pourra troubler.

(1) *Bhagavad Gîtâ*, II, 70.

CHAPITRE X

Comment on peut aider autrui par la pensée.

Le plus précieux des avantages que retire celui qui s'est efforcé de développer la puissance de sa pensée, c'est qu'il est bien mieux à même d'aider ceux qui l'entourent, ceux qui, plus faibles que lui, n'ont pas encore appris à tirer profit de leurs propres moyens. Celui dont le mental et le cœur sont en paix remplit les conditions voulues pour aider autrui.

Une simple bonne pensée est bienfaisante dans une certaine mesure, mais l'étudiant désirera faire bien davantage que jeter une simple miette de pain à celui qui meurt d'inanition.

Considérons d'abord le cas d'un homme dominé par quelque mauvaise habitude, celle de boire par exemple, et qu'un étudiant désire secourir. Celui-ci devra d'abord rechercher si possible, à quels moments le mental du malade offre des chances d'être inoccupé — à quelle heure, par exemple, le patient se couche. S'il pouvait être endormi, cela n'en vaudrait que mieux. A ce moment notre médecin de l'âme devrait s'asseoir, seul, et se représenter aussi vivement que possible l'image de son malade assis en face de lui — il devrait se représenter la chose clairement et en détail, de façon à voir l'image comme il verrait son homme. La grande clarté de cette image n'est pas essentielle bien qu'elle contribue à rendre le procédé plus efficace. L'étudiant devrait alors fixer son attention sur cette image et, avec toute la concentration dont il est capable, lui adresser une par une et lentement, les pensées qu'il désire graver dans le mental de son client. Il faut les présenter sous forme d'images mentales claires, absolument comme si l'on exposait des arguments devant l'interlocuteur, au moyen de mots. Dans le cas considéré, l'étudiant pourra imaginer devant ses yeux un tableau frappant des maux et de la misère qu'entraîne à sa suite l'habitude de boire, de la déchéance nerveuse, de la fin inévitable. Si le sujet est endormi, il sera attiré par la personne qui songe ainsi à lui et il animera l'image qu'elle se fait de lui. Le succès dépend de la concentration de la pensée et de la persévérance avec laquelle elle est dirigée sur le patient ; son effet sera exactement proportionné au degré de développement de la puissance de la pensée.

Il faut se garder, dans un cas de ce genre, d'essayer en aucune manière de dominer la volonté du patient ; l'effort doit tendre entièrement à placer devant son mental des idées qui, s'adressant à son intelligence et à ses émotions, l'amèneront à juger sainement et le stimuleront à faire un effort pour traduire son jugement en action. Si l'on essaie d'imposer au malade une ligne particulière de conduite, même si l'on réussit, on aura gagné bien peu de chose. La tendance mentale qui nous pousse à nous laisser aller à nos vices, ne sera en rien modifiée, du fait qu'on aura mis un obstacle sur la route que prenait telle forme particulière de cette tendance ; repoussée dans une direction, elle en prendra une autre et un vice nouveau supplantera l'ancien. Un homme contraint à être tempérant par une force qui domine sa volonté, ne sera pas plus guéri de son vice que si on l'enfermait en prison. Même sans cela, aucun homme ne devrait essayer d'imposer sa volonté à un autre, fût-ce dans le but de le faire bien agir. Le progrès n'est pas favorisé par une pression extérieure de ce genre ; l'intelligence doit être convaincue, les émotions éveillées, et purifiées, sans quoi l'on n'obtient pas de gain réel.

Si l'étudiant désire procurer, au moyen de sa pensée, n'importe quel autre genre de secours, il devra procéder de la même façon, imaginant son protégé et lui présentant clairement les idées dont il désire le pénétrer. Un désir ardent, pour son bien, qui lui est envoyé comme un agent destiné à le protéger, demeurera près de lui comme une forme-pensée pendant un temps proportionné à l'intensité de la pensée initiale et protégera cet homme contre tout mal, sera comme une barrière devant les pensées hostiles et écartera même les dangers physiques. Une pensée de paix et de consolation, dépêchée de la sorte, adoucira et calmera le mental en répandant autour de son objet une atmosphère de calme.

L'aide qu'apporte souvent à une personne la prière d'une autre est, en grande partie, de même nature que le phénomène ci-dessus décrit, la fréquente efficacité des prières en vue d'obtenir des biens ordinaires, étant due à la concentration et à l'intensité plus grandes qu'apporte le croyant pieux dans sa prière. Le même degré d'intensité et de concentration amènerait le même résultat sans recourir à la prière.

La prière, assurément, est parfois efficace en un autre sens: elle appelle l'attention de quelque intelligence supra-humaine, — intelligence humaine ayant atteint un degré supérieur d'évolution — sur la personne pour qui l'on prie, de sorte qu'un secours direct peut lui être accordé par l'entremise d'une puissance bien plus grande que celle dont disposait celui qui priait.

Peut-être ferons-nous bien d'intercaler une remarque : le théosophe à demi-instruit ne devra pas s'effrayer ni s'abstenir de donner à un ami toute l'aide qu'il pourrait lui fournir au moyen de sa pensée, dans la crainte qu'il pourrait avoir « de s'immiscer dans karma. » Qu'il laisse donc karma veiller à ses propres intérêts et ne craigne pas plus de s'immiscer dans les attributions de karma que dans la loi de la gravitation. Si ce théosophe peut aider son ami, qu'il le fasse sans crainte, dans l'assurance que s'il réussit, ce secours fait partie du karma de son ami et qu'il est, quant à lui, l'heureux agent de la Loi.

Comment on peut aider les soi-disant morts.

Tout ce que nous pouvons faire par la pensée pour les vivants, nous pouvons le faire plus facilement encore pour ceux qui nous ont devancés et ont déjà franchi les portes de la mort, car dans leur cas nous n'avons plus de lourde matière physique à faire vibrer avant que notre pensée puisse atteindre la conscience en éveil.

Après qu'il a traversé la mort, la tendance de l'homme est de tourner son attention vers le dedans et de vivre dans son propre mental plutôt que dans le monde extérieur. Les courants de pensée qui avaient coutume de se précipiter au dehors, cherchant le monde extérieur à travers les organes des sens, se trouvent maintenant arrêtés par un vide dû à la disparition de leurs instruments. C'est comme si un homme se précipitait vers un pont qu'il a l'habitude de traverser pour franchir un précipice et que, brusquement, il se trouvât arrêté par l'abîme, le pont s'étant évanoui.

La réorganisation du corps astral, qui suit de très près la perte du corps physique, tend en outre à tenir renfermées les énergies mentales, à les empêcher de s'exprimer au dehors. La matière astrale, si elle n'est pas gênée par l'intervention de ceux qui sont restés sur terre, forme une enveloppe protectrice au lieu d'un instrument plastique, et plus la vie terrestre qui vient de s'achever a été élevée et pure, plus impénétrable est la barrière qui garantit des impressions du dehors et des événements du dedans. Mais la personne ainsi entravée dans l'expansion de son énergie, n'en est que plus apte à recevoir les influences du monde mental et par suite, elle peut être aidée, réconfortée, conseillée, bien plus efficacement que lorsqu'elle était sur terre.

Dans le monde qu'habitent les êtres délivrés de leur corps physique, une pensée affectueuse est aussi palpable aux sens que le sont, ici-bas, une parole affectueuse ou une tendre caresse. Toute personne qui meurt devrait donc être escortée par des pensées d'amour et de paix, par notre désir de la voir s'avancer rapidement, à travers les vallées de la mort, vers la brillante région qui est au-delà. Il n'y a que trop de personnes qui demeurent dans la condition intermédiaire plus longtemps qu'elles n'y seraient restées, si leur mauvais karma n'avait pas voulu qu'elles n'eussent pas d'amis sachant les aider de l'autre côté de la mort. Et si les vivants savaient la consolation et le bonheur qu'éprouvent les voyageurs des mondes célestes en recevant ces messagers vraiment angéliques (ces pensées d'amour et d'encouragement), s'ils savaient de quelle puissance ils disposent pour fortifier et réconforter, certes, nul ne serait abandonné par ceux qui restent en arrière. Nos chers « morts » ont droit à notre amour et à notre intérêt, mais même en dehors de cela, quelle immense consolation pour le cœur privé d'une présence qui était le rayon de soleil de sa vie, d'être encore en mesure d'aider la personne aimée et de l'entourer des anges gardiens de la pensée !

Les occultistes qui ont fondé les grandes religions n'ont pas négligé cette assistance que doivent ceux qui restent sur terre à ceux qui les ont devancés. L'Hindou a son Shràddha, par lequel il aide à avancer les âmes qui ont pénétré dans le monde suivant, hâtant leur passage dans Svarga. L'Église Chrétienne a des messes et des prières pour les « morts ». « Accordez-lui, ô Seigneur, la paix éternelle et que la lumière brille perpétuellement sur lui, » c'est en ces termes que le Chrétien prie pour un ami de l'autre monde. Il n'y a parmi les Chrétiens que la secte Protestante qui ait perdu cette excellente tradition, comme tant d'autres qui se rattachent à la vie supérieure du Chrétien. Puisse la connaissance rétablir bientôt la tradition utile et bienfaisante que l'ignorance lui a fait perdre !

Le travail de la pensée en dehors du corps.

Nous ne devons pas restreindre l'activité de notre pensée aux heures que nous passons dans le corps physique, car nous pouvons, par la pensée, accomplir un travail très profitable tandis que notre corps est tranquillement endormi.

Le fait de « s'endormir » signifie simplement que la conscience, enveloppée de ses corps les plus subtils, se retire loin du corps physique, qu'elle laisse plongé dans le sommeil, tandis que l'homme lui-même passe dans le monde astral. Libéré du corps physique, le sujet est beaucoup plus puissant en ce qui regarde les effets qu'il peut produire par sa pensée ; cependant il ne dirige guère sa force vers le dehors, mais en applique la plus grande partie au dedans de lui, à des sujets qui l'intéressent pendant la veille. Son énergie de pensée se déverse dans les moules accoutumés et s'applique aux problèmes que la conscience cherche à résoudre à l'état de veille.

Le proverbe : « la nuit porte conseil », l'avis donné à ceux qui ont une importante décision à prendre, de « dormir avant de se prononcer » : ce sont là de vagues intuitions du fait que l'activité mentale se poursuit pendant le sommeil. Sans tenter expressément d'utiliser l'intelligence mise en liberté, l'homme recueille cependant le fruit du travail de son intelligence.

Ceux, cependant, qui essaient de diriger leur propre évolution au lieu de la laisser aller à la dérive devraient, en connaissance de cause, profiter du pouvoir plus grand qu'ils peuvent exercer dès qu'ils ne sont plus entravés par le poids du corps. Ce qu'il y a à faire pour cela est simple. Le problème quelconque dont on désire trouver la solution doit être tranquillement maintenu devant le mental au moment de s'endormir ; il ne faut pas le creuser, chercher des arguments, sans quoi le sommeil ne viendra pas : il faut simplement, le poser et voilà tout. Ceci suffit pour donner à la pensée la direction requise : le Penseur reprendra le problème et s'en occupera lorsqu'il n'aura plus à s'inquiéter de son corps physique. La solution se présentera le plus souvent à l'esprit au moment du réveil, c'est-à-dire que le Penseur l'aura inscrite dans le cerveau ; aussi est-ce une bonne précaution que d'avoir du papier et un crayon près de son lit, pour noter immédiatement au réveil les solutions, car celles qu'on obtient ainsi sont aisément effacées par la foule d'impressions venues du monde physique — et il n'est pas facile de les retrouver. Bien des difficultés de la vie pourront être éclaircies nettement par ce procédé et un sentier pourra être tracé au milieu des entraves. De même plus d'un problème mental trouvera sa solution lorsqu'on le soumettra à l'intelligence alors qu'elle ne sera point alourdie par le cerveau physique, de nature plus dense.

Une méthode analogue permettra à l'étudiant d'aider, pendant son sommeil, un ami encore vivant ou déjà dans l'autre monde. Il devra se représenter en esprit son ami, et s'efforcer de le trouver et de l'aider. Cette image mentale attirera l'un vers l'autre l'ami et lui et ils communiqueront l'un avec l'autre dans le monde astral. Mais, dans le cas où la pensée de l'ami éveillerait une émotion quelconque — par exemple s'il s'agit d'un ami disparu — l'étudiant devra s'efforcer de calmer son émotion avant de s'endormir. Car cette émotion cause un tourbillon dans le corps astral et lorsque celui-ci est fortement agité, il isole la conscience et met les vibrations mentales dans l'impossibilité de passer au dehors.

Il y a des cas de communication dans le monde astral dont la mémoire, à l'état de veille, conserve un « rêve », — tandis que d'autres cas ne laissent aucune trace. Le rêve est le souvenir, souvent confus et mêlé de vibrations étrangères — d'une rencontre hors du corps ; c'est comme tel qu'il doit être considéré. Mais si le cerveau n'a conservé aucune trace, cela ne fait rien, puisque l'activité de l'intelligence libre n'est pas entravée par l'ignorance du cerveau qui n'y collabore pas. Le pouvoir que peut exercer un homme dans le monde astral, n'est pas subordonné aux souvenirs qu'enregistre dans le cerveau la conscience lorsqu'elle réapparaît ; ces souvenirs peuvent faire complètement défaut, tandis qu'un travail très fructueux a rempli les heures où le corps était endormi.

Une autre forme du travail de la pensée

auquel on songe peu et qui est possible aussi bien dans le corps physique qu'en dehors de lui, c'est la collaboration aux grandes causes, aux mouvements collectifs au profit de l'humanité.

Méditer là-dessus d'une façon spéciale, c'est émettre des courants d'assistance, des plans intérieurs de notre être, et nous pouvons en particulier considérer la chose par rapport au :

Pouvoir de la pensée combinée.

L'accroissement de force qui résulte de ce que plusieurs personnes s'unissent en faveur d'un même but, est reconnu, non seulement des occultistes, mais de tous ceux qui entendent quelque chose à la science approfondie de l'esprit. Il est d'usage dans quelques parties au moins de la Chrétienté, qu'avant d'envoyer un missionnaire évangéliser quelque région particulière, on s'assemble pour méditer longuement sur un point précis. Un petit groupe de Catholiques Romains, par exemple, se réunissent pendant des semaines ou des mois avant le départ d'une mission et préparent le terrain sur lequel ils veulent agir en imaginant les lieux, en supposant qu'ils y sont présents, enfin en méditant avec toute leur attention, quelque dogme particulier de l'Église. Il se forme ainsi, dans le pays éloigné, une atmosphère de pensées des plus favorables à la propagation des dogmes du catholicisme et les cerveaux récepteurs sont préparés à *désirer* recevoir l'enseignement. L'œuvre de la pensée sera facilitée par l'accroissement d'intensité qu'elle devra aux prières ferventes, autre forme du travail de la pensée produite par l'ardeur de la ferveur religieuse.

Les ordres contemplatifs dans l'Église Catholique Romaine, accomplissent, au moyen de la pensée, une œuvre bonne et utile, de même que les ascètes des religions Hindoue et Bouddhiste. Partout où une intelligence bonne et pure se met à l'œuvre pour venir en aide au monde, en y répandant des pensées nobles et élevées, un service réel est rendu aux hommes et le penseur isolé devient un des leviers du monde.

Un groupe d'hommes qui ont des convictions communes, un groupe de théosophes, par exemple, peuvent contribuer dans une large mesure à répandre les idées théosophiques dans leur entourage immédiat, s'ils s'entendent pour consacrer, en même temps, dix minutes par jour à la méditation de quelque enseignement théosophique. Il n'est pas nécessaire que leurs personnes soient réunies en un même lieu, pourvu que leurs esprits soient unis. Supposons un petit groupe ayant décidé de méditer sur la réincarnation dix minutes par jour, à une heure convenue, pendant trois ou six mois. Des formes-pensées très puissantes viendraient assaillir en foule la région choisie et l'idée de réincarnation pénétrerait dans un nombre considérable d'esprits. On s'informerait, on chercherait des livres sur le sujet et une conférence sur la question, après une préparation de ce genre, attirerait un public très avide d'informations et très intéressé à l'avance. Un progrès hors de proportion avec les moyens physiques employés se réalise partout où des hommes et des femmes s'entendent sérieusement au sujet de cette propagande mentale.

CONCLUSION

Voilà donc comment nous pouvons apprendre à utiliser les grandes forces qui sont en nous tous, et à les utiliser en vue du meilleur résultat possible. A mesure que nous les exercerons, elles se développeront jusqu'à ce que nous constations, avec surprise et ravissement, que notre pouvoir de nous rendre utiles est immense.

Souvenons-nous que nous faisons de ce pouvoir un usage continuel : faiblement, d'une manière inconsciente et spasmodique nous modifions sans cesse en bien et en mal tous ceux qui se trouvent sur notre route. Nous nous sommes efforcée ici de persuader le lecteur d'user de ces forces consciemment, continuellement et énergiquement. Nous ne pouvons nous empêcher de penser dans une certaine mesure, si faibles que soient les courants de pensée par nous produits. Nous modifions forcément ceux qui nous entourent, que nous le voulions ou non, la seule question que nous ayons à trancher est de savoir si nous voulons le faire d'une manière profitable à autrui ou d'une manière nuisible, faiblement ou fortement, en laissant agir le hasard ou en connaissance de cause.

Nous ne pouvons pas empêcher que les pensées des autres n'entrent en contact avec notre mental; nous ne pouvons que choisir celles que nous voulons accueillir et celles que nous voulons rejeter. Nous modifions et sommes modifiés forcément; mais nous pouvons modifier les autres à leur avantage ou à leur désavantage, nous pouvons être modifiés en bien ou en mal. C'est cela que nous avons à choisir et notre choix est d'une importance essentielle pour nous-mêmes et pour le monde tout entier :

« Surtout choisissez bien, car votre choix est bref.

« C'est un moment, mais c'est aussi l'éternité.

Paix à tous les êtres.

TABLE DES MATIÈRES

RENSEIGNEMENTS

La Société théosophique est un organisme composé d'étudiants appartenant, ou non, à l'une quelconque des religions ayant cours dans le monde. Tous ses membres ont approuvé, en y entrant, les trois buts qui font son objet ; tous sont unis par le même désir de supprimer les haines de religion, de grouper les hommes de bonne volonté, quelles que soient leurs opinions, d'étudier les vérités enfouies dans l'obscurité des dogmes, et de faire part du résultat de leurs recherches à tous ceux que ces questions peuvent intéresser. Leur solidarité n'est pas le fruit d'une croyance aveugle mais d'une commune aspiration vers la vérité, qu'ils considèrent, non comme un dogme imposé par l'autorité, mais comme la récompense de l'effort, de la pureté de la vie et du dévouement à un haut idéal. Ils pensent que la foi doit naître de l'étude ou de l'intuition, qu'elle doit s'appuyer sur la raison et non sur la parole de qui que ce soit.

Ils étendent la tolérance à tous, même aux intolérants, estimant que cette vertu est une chose que l'on doit à chacun et non un privilège que l'on peut accorder au petit nombre. Ils ne veulent point punir l'ignorance, mais la détruire. Ils considèrent les religions diverses comme des expressions incomplètes de la Divine Sagesse et, au lieu de les condamner, ils les étudient.

Leur devise est Paix ; leur bannière, Vérité.

La Théosophie peut être définie comme l'ensemble des vérités qui forment la base de toutes les religions. Elle prouve que nulle de ces vérités ne peut être revendiquée comme propriété exclusive d'une église. Elle offre une philosophie qui rend la vie compréhensible et démontre que la justice et l'amour guident l'évolution du monde. Elle envisage la mort à son véritable point de vue, comme un incident périodique dans une existence sans fin et présente ainsi la vie sous un aspect éminemment grandiose. Elle vient, en réalité, rendre au monde l'antique science perdue, la *Science de l'Ame*, et apprend à l'homme que l'âme c'est lui-même, tandis que le mental et le corps physique ne sont que ses instruments et ses serviteurs. Elle éclaire les Écritures sacrées de toutes les religions, en révèle le sens caché, et les justifie aux yeux de la raison comme à ceux de l'intuition

Tous les membres de la Société théosophique étudient ces vérités, et ceux d'entre eux qui veulent devenir Théosophes, au sens véritable du mot, s'efforcent de les vivre.

Toute personne désireuse d'acquérir le savoir, de pratiquer la tolérance et d'atteindre à un haut idéal, est accueillie avec joie comme membre de la Société théosophique.

SIÈGE DE LA SECTION FRANÇAISE

DE LA

SOCIÉTÉ THÉOSOPHIQUE

59, *avenue de La Bourdonnais, Paris.*

Buts de la Société.

1° Former un noyau de fraternité dans l'humanité, sans distinction de sexe, de race, de rang ou de croyance.

2° Encourager l'étude des religions comparées, de la philosophie et de la science.

3° Étudier les lois inexpliquées de la nature et les pouvoirs latents dans l'homme.

L'adhésion au premier de ces buts est seule exigée de ceux qui veulent faire partie de la Société.

Pour tous renseignements s'adresser, selon le pays où l'on réside, à l'un ou l'autre des secrétaires généraux des Sections diverses de la Société dont voici les adresses :

France : 59, avenue de la Bourdonnais, Paris, VIIe.

Grande-Bretagne : 28, Albemarle street, Londres, W.

Pays-Bas : 76, Amsteldjik, Amsterdam.

Italie : 1, Corso Dogali, Gênes.

Scandinavie : 7, Engelbrechtsgatan, Stockolm.

Indes : Theosophical Society, Benarès.

Australie : 42, Margaret street, Sydney.

Nouvelle-Zélande : Mutual Life Building, Lower Queen street, Auckland.

Allemagne : 17, Motzstrasse, Berlin, W.

États-Unis : 7 W. 8th street, New-York.

Amérique centrale : Apartado 365, La Havane, Cuba.

BIBLIOTHÈQUE NATIONALE R.F. IMPRIMÉS

ÉTUDE GRADUÉE

de l'Enseignement Théosophique.

EXTRAIT DU CATALOGUE

Ouvrages élémentaires.

Annie Besant. — La Théosophie et son œuvre dans le monde 0 20
— La Nécessité de la Réincarnation 0 20
C. W. Leadbeater. — Une Esquisse de la Théosophie 1 25
Dr Th. Pascal. — A. B. C. de la Théosophie . . 0 50
— La Théosophie en quelques chapitres 0 50
Aimée Blech. — A ceux qui souffrent . . . . . . 1 »

Ouvrages d'instruction générale.

J.-C. Chatterji. — La Philosophie ésotérique de l'Inde . . . . 2 »
Annie Besant. — La Sagesse antique . . . . . 5 »
A. P. Sinnett. — Le Bouddhisme ésotérique . . 3 50
— Le Développement de l'âme . . . . 5 »
R. A. — L'Histoire de l'âme 2 50

Ouvrages d'instruction spéciale.

Annie Besant. — La Mort et l'Au-delà. 1 50
— La Réincarnation . . . . 1 »
— Karma . . . . 1 »

— Évolution de la vie et de la forme 2 50
— Le Pouvoir de la Pensée 1 50
— Le Christianisme ésotérique . . . . 4 »
C. W. LEADBEATER. — Le Plan astral 1 50
— Le Plan mental 1 50
— Le Credo chrétien 1 50
— L'Homme visible et invisible, avec 23 planches coloriées 7 50
A. BESANT et LEADBEATER. — Les Formes-Pensées, avec 30 planches coloriées . . . . 8 »
Dr TH. PASCAL. — Les Lois de la Destinée . . . 2 50
H. P. BLAVATSKY. — Doctrine secrète, 1er vol. . . 8 »

Ouvrages d'ordre éthique.

ANNIE BESANT. — Vers le Temple. . . . . 2 »
— Le Sentier du Disciple . . . . 2 »
— Les Trois Sentiers . . . . 1 »
H. P. BLAVATSKY. — La Voix du Silence . . . . 1 »
La Doctrine du Cœur, relié 1 50
La Lumière sur le Sentier, relié 1 50
La Bhagavad Gità. 2 50
Neuf Upanishads . . . . 2 »
Sur le seuil, relié 2 50

Revue Théosophique : Le *Lotus Bleu*, le numéro, 1 fr.
ABONNEMENT : France, 10 fr. ; Etranger, 12 fr.

PUBLICATIONS THÉOSOPHIQUES

10, *rue Saint-Lazare, Paris.*

CONFÉRENCES ET COURS

SALLE DE LECTURE — BIBLIOTHÈQUE — RÉUNIONS

Au Siège de la Société ; 59, avenue de La Bourdonnais. Le Siège de la Société est ouvert tous les jours de la semaine de 3 à 6 heures, et les premiers et troisièmes dimanches à 10 heures et demie du matin. Prière de s'y adresser pour tous renseignements.

BIBLIOTHÈQUE NATIONALE R.F. IMPRIMÉS

28-11-06. — Tours, Imp. Arrault et Cie.

www.ingramcontent.com/pod-product-compliance
Lightning Source LLC
LaVergne TN
LVHW010603110826
845149LV00003B/753